i教育

一课研究丛书·图形与几何系列

主编　朱乐平

圆 的 面 积

教学研究 | 邵　虹◎著

教育科学出版社
·北 京·

出 版 人　所广一
策划编辑　郑　莉
项目统筹　郑　莉
责任编辑　谭文明
版式设计　宗沅雅轩　贾艳凤
责任校对　贾静芳
责任印制　叶小峰

图书在版编目（CIP）数据

圆的面积教学研究/邵虹著. —北京：教育科学
出版社，2014.1（2018.1重印）
　（一课研究丛书／朱乐平主编．图形与几何系列）
　ISBN 978-7-5041-8288-3

　Ⅰ.①圆… Ⅱ.①邵… Ⅲ.①圆—面积—教学研究—
小学　Ⅳ.①G623.502

中国版本图书馆 CIP 数据核字（2014）第 005303 号

一课研究丛书·图形与几何系列
圆的面积教学研究
YUAN DE MIANJI JIAOXUE YANJIU

出版发行	**教育科学出版社**			
社　　址	北京·朝阳区安慧北里安园甲 9 号	市场部电话	010-64989009
邮　　编	100101	编辑部电话	010-64981277
传　　真	010-64891796	网　　址	http://www.esph.com.cn
经　　销	各地新华书店		
制　　作	北京金奥都图文制作中心		
印　　刷	保定市中画美凯印刷有限公司		
开　　本	169 毫米×239 毫米　16 开	版　　次	2014 年 1 月第 1 版
印　　张	15.5	印　　次	2018 年 1 月第 3 次印刷
字　　数	234 千	定　　价	36.00 元

如有印装质量问题，请到所购图书销售部门联系调换。

这是一套什么样的书?

你见过对一节课的研究形成一本十几万字的学术专著吗?

你见过查阅百年来课标(大纲)后综述对一节课的教学要求吗?

你见过对一节课的内容进行国内外多个版本教材比较吗?

你见过对主要杂志上关于一节课的研究成果进行综述吗?

你见过根据一节课的内容给出许多个不同的教学设计吗?

你见过对一节课的研究形成系列校本教研的活动方案吗?

你见过以作者与读者互动对话的形式写成的学术专著吗?

本丛书将让你见到上面所有的"样子"。

《一课研究丛书·图形与几何系列》(以下简称"丛书")是对课的研究。其中的每一本都是围绕小学数学"图形与几何"领域的一节课(或两三节相关的课)进行多视角系统研究而形成。

研究的内容主要根据教师的课堂教学实践与理论水平提高的需要来确定。主要维度如下:

1. 数学知识维度。数学老师要上好一节课,就应该比学生有更多关于这节课的数学知识,即"上位数学知识"。它是指超越了小学数学一节课的内容,在初中、高中(或中等师范学校)以及大学数学中出现的相关数学知识。很显然,没有上位数学知识是无法上好一节课的,但只有上位的数学知识也远远不够,还必须能够从中获得教学的启示。也就是说,要把围绕一节课的上位数学知识与小学数学紧密结合,指导小学数学教学。这一维度的研究主要解决老师在知识上的"一桶水"问题。

2. 课程标准（教学大纲）维度。从理论上说，一个教师有了数学知识以后，首先要关注的就是课程标准（教学大纲）。这是因为数学课程标准（教学大纲）是一个规定了数学学科的课程性质、目标、内容和实施建议的教学指导性文件。对一节课展开研究应该从最高的纲领性文件入手，明确这节课的目标定位。丛书中所涉及的每一节课，其作者都查阅了自 20 世纪初到现在的一百多年来国内所有和国外部分数学课程标准（教学大纲），从标准的视角，展现出一节课教学要求的历史沿革过程并从中获得启示。

3. 教材比较维度。数学教材为学生学习一节课的内容提供了基本线索和知识结构，它是重要的数学课程资源。丛书对一节课的教材从多个角度进行比较研究。从时间的角度看，进行了纵向与横向比较研究。纵向比较研究是对不同时期出版的教材进行比较，特别是对同一个出版社或同一个主编不同时期编写的教材进行多角度比较，从历史的沿革中感悟一节课不同时期的编写特点；横向比较研究是对同一时期出版的多种不同版本教材进行比较。从地域的角度看，进行了中国大陆与港、澳、台教材的比较，以及国内外教材的比较。教材比较研究可以为研究这节课或去给小学生上这节课的老师开阔视野，帮助找到更多有价值的课程资源。丛书的每一本不但在正文中对教材进行了比较，而且还在附录中完整呈现了多个版本的相关教材，供读者进一步研究参考。

4. 理论指导维度。我们知道，没有实践的理论是空虚的，没有理论的实践是盲目的。要上好一节课，自然需要理论的指导。奇怪的是，虽然有许多教育理论，但要真正系统地指导一节课的时候，特别是要指导一节课进入实践操作时，却又常常是困难的。丛书在数学教育理论指导课堂教学方面做了探索，努力做到让理论进入课堂教学实践，使得实践者能够真正感受到理论的力量。

5. 学生起点维度。学生是学习的主体，要进行一节课的教学，自然要研究学生的起点。丛书不仅阐述了如何了解学生起点的方法，而且还围绕一节课的学习，对学生起点情况进行分析与研究，以便更好地进行教学设计。

6. 教学设计维度。有了上述五个维度的研究后，我们就可以进入教学设计的研究维度。丛书首先对一节课的教学设计进行综述，就是把散见在多种重要杂志和专著上的教学设计成果进行整理（比如，查阅《小学数学教师》《小学教学》等刊物自创刊以来的全部内容），试图明确这节课迄今为止的所有研究成果。然后再根据学生的情况和多个不同的角度设计出新的不同的教学过程。这些新的教学设计都可以直接进入课堂教学实践。

7. 课堂教学维度。有了教学设计就可以进入课堂教学研究。这一维度主要是对一节课进行课堂教学的观察与评价，具体阐述了如何从多个角度了解教师与学生的情况，如何对教师的教与学生的学进行观察与评价。

8. 课后评价维度。课后评价维度是指在学生学习了一节课以后，对学生的学习情况进行了解与评价。丛书主要从情感态度与"四基"（基础知识、基本技能、基本思想、基本活动经验）内容两大方面，对学生进行测查评价，包括如何进行课后测查与访谈，学生容易掌握的内容和容易出错的地方的调查与研究，等等。

9. 校本教研维度。校本教研的重要性不言而喻。丛书主要围绕一节课提供校本教研的活动方案。即提供了老师们对一节课开展系列研究的活动方案，以便在更广的范围内对一节课进行全面深入系统的研究。

上述九个维度是丛书研究的基本视角，丛书中每一本书的作者还会根据课的具体内容与特点有所侧重地展开研究。所以，每本书既有自己的个性，又有丛书的共性。

从写作形式来说，丛书中每一本书的目录基本都采用了问题形式，以便读者能够快速查到自己感兴趣的内容。正文中的阐述方式采用了平等对话的形式，并提出了一些问题让读者思考。这样的写作形式，试图拉近作者与读者的距离，增加读者的参与度，让读者更感亲切。

这套书是如何形成的？

时间与人员：丛书撰写历时五年。丛书作者 25 人，有省特级教师、省优秀教师、省市教坛新秀和骨干教师。他们都是"朱乐平小学数学名师工作室"的成员，是经过自愿报名、笔试、面试后，在众多的报名者中脱颖而出者。

目标与问题：丛书撰写的目标是为了与大家分享成果，试图在分享中促进数学老师的专业发展，让更多的老师能够减轻工作负担，提高数学教学水平。如何真正促进数学教师的专业发展？有人说，要"实践—认识—再实践—再认识"。这很正确，但任何一个专业要发展都应该如此。也有人说，要"多读书，多交流"。这很对，但对所有专业的发展都适用。还有人说，要"多实践，多反思"。这也很有道理，但缺少了教师专业发展的特点。

观念与操作：通过课例研究，促进专业发展——这是具有教师职业特点的专业发展之路。数学教师主要通过一节课一节课的教学体现出自己的专业水平，学生主要通过一节一节数学课的学习而成长。可见，对一节节课进行研究的重要性怎么强调都不会过分。数学教师通过一节一节课的研究定能提高自己的专业水准，而研究出的成果又可以与同行分享，并有可能减轻同行的工作负担。正是基于上面的这些想法，我们才花五年时间写出了这套丛书，希望同行们能够从中得到一些启迪。

由于水平所限，书中一定存在不足甚至错误，敬请读者批评指正。

朱乐平
2013 年 7 月于杭州

目 录

2 课程标准(教学大纲)研究

3 教材比较研究

4　教学前学情调查与分析

5　教学设计比较研究

6　课堂观察与评价

1

上位数学知识研究

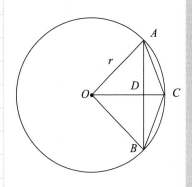

在基础教育课程改革的背景下，教师已然成为教学研究的主体。新课程倡导，未来的教师不仅要具有基本的教育理论修养，而且要具备扎实的学科知识素养。对于小学数学教师而言，需要具备的特定学科知识，就是上位数学知识。

那么，如何用现代数学观点阐述小学数学内容呢？具体可以从三个方面展开。首先，要补充构建小学数学的相对严密的框架。限于小学生的年龄特点，小学数学教材里的数学知识不可能是严密的，教师应当知道它们的内在逻辑结构，准确把握数学本质。其次，小学数学教学中，出现了一些"与时俱进"的数学问题，教师需要了解在小学数学知识之上的初中、高中，甚至大学的数学知识，避免科学性错误。此外，要以相关观点指导处理具体教学的问题。针对一节课的研究，积累丰富的教学实践案例，获得教学启示，便可高屋建瓴地指导课堂教学。因此，上位知识既是教师成长的基础，也是教师专业发展的必要条件。

1.1　上位数学知识解读

数学的研究对象是现实世界的数量关系和空间形式。"图形与几何"是我国小学数学重要的课程内容，以发展学生的空间观念、几何直观、推理能力为核心展开。课程内容主要包括：图形的认识、图形的测量、图形的运动和图形的位置。

圆是最基本的平面图形之一，在几何学中有着广泛的应用，也是各个国家基础教育数学教学中必不可少的教学内容。圆的度量，即圆的周长和面积的计算，在几何学中占有极为重要的地位，它是在对形的认识与探测的历程中，由"直"跨入"曲"的关键一步，也是数学思想从"有限"进入"无限"的一次飞跃。

圆的面积上位数学知识主要指与小学数学中圆面积相关的初中、高中甚至大学的数学知识。作为数学教师，了解这部分内容，可以开阔眼界，深入、准确地把握小学数学教学中有关圆面积的知识，以便于高屋建瓴地指导小学数学教学。为了更好地理解与把握这部分内容的上位数学知识，我们不妨采用提出问题和问题解读的方式进行研究。

1.1.1　圆的面积的定义及其理解

> **思考**
>
> 你认为"圆的面积"是如何定义的？回忆一下教材中是否进行了定义？如果有，它是怎样表述的？

通过查阅现行的小学、初中、高中数学教材，查阅《解析几何》《几何原本》《几何概念解析》等相关著作，我们发现"圆的面积"的定义有多种不同的表述方式，在教材中的定义通常有以下两种：

定义1：圆所占平面的大小叫做圆的面积。

定义2：圆的内接或外切正多边形，当边数无限递增时，其面积的极限叫做圆的面积。

对圆的面积定义进行解读，可以通过解读定义中的关键词和提问题的方式帮助理解。

⊕ **什么是面积？**

> 思 考
>
> 还记得"面积"的定义吗？面积公理是怎样的？了解它对圆面积的教学有何帮助？

面积的概念很早就已经形成。在古代埃及，尼罗河每年泛滥，洪水抹去了田地间的界限标志。水退后，人们需要重新画出地的界限，这就需要重新丈量和计算田地。于是，逐渐有了面积的概念。

面积是一个二维图形，我们可以直观地感觉到它所占有的区域具有一定的大小。对于二维图形的表面进行度量后，可用唯一的非负实数与它对应，如果这种对应满足：

① 边长为 1 个长度单位的正方形作为面积单位，与数 1 相对应；

② 运动不变性，即全等图形与相同的实数相对应；

③ 有限可加性，即将一个图形分成两个至多只有公共边界的部分图形的并集，该图形所对应的数就等于两个部分图形所对应数的和。面积相等的图形不一定是全等形。

将以上这些性质放在一起，就成为了面积公理的内容。提出面积公理的基本想法是：既然图形是一个集合，而相应的图形面积是一个数，则面积是定义在集合族之上的一个函数。这个集合函数显然是非负函数，而且正方形的面积是 1。运动不变性是指图形通过有限次的平移、旋转或反射后（即刚体运动），它的面积保持不变。当然，两个不重叠的图形相并的面积，等于这两个图形的面积之和，这就是面积的"有限可加性"。了解面积定义、面积公理，能更好地为探索圆面积计算公式的推导服务。

⊕ **什么是正多边形？**

正多边形亦称正多角形，它是一类重要的几何图形。各条边相等且各个角也相等的多边形称为正多边形。各边都相等的多边形称为等边多边形，各内角都相等的多边形称为等角多边形。正多边形既是等边多边形也是等角多边形。边数 n 的正多边形称为正 n 边形，当 n 为 3 和 4 时，分别称做正三角形和正方形。

✛ 什么是圆内接正多边形？

圆内接正多边形是一类重要的正多边形。顶点都在同一圆周上的正多边形，称为圆内接正多边形。把圆分成 n（$n \geq 3$）等分，顺次连接各分点而得到圆内接正 n 边形。如图 1-1，$ABCDE$ 是已知圆 O 的内接正五边形，而圆 O 叫做五边形 $ABCDE$ 的外接圆。

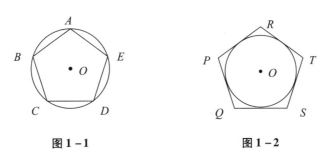

图 1-1   图 1-2

✛ 什么是圆外切正多边形？

我们知道，直线与圆有三种位置关系：相离、相切和相交。如果正多边形的各边都与同一个圆相切，那么这个正多边形叫做这个圆的外切正多边形。把圆分成 n（$n \geq 3$）等分，经过各分点作圆的切线，以相邻切线交点为顶点的多边形是这个圆的外切正 n 边形。如图 1-2，$PQSTR$ 是已知圆 O 的外切正五边形，圆 O 叫做五边形 $PQSTR$ 的内切圆。

由此可见，我们平时所说的圆内接正三角形、圆内接正四边形、圆内接正五边形或者圆外切正三角形、圆外切正四边形、圆外切正五边形，就是通过以上方法得到的。

圆内接正多边形随着边数无限递增（如图 1-3），它的面积越来越逼近圆的面积。同理，圆外切正多边形的边数无限递增时，它的面积也越来越逼近圆的面积。

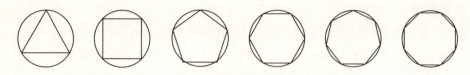

图 1–3

⊕ **什么是极限？**

> 思 考
>
> 什么是极限？小学阶段学生接触过极限思想吗？如果有，那该如何进行沟通呢？

简单地说，极限的概念就是：设 x 是一个变量，a 是一个常量。如果 x 按照某种规律变化，终于无限地接近 a，则称 a 为 x 的极限，记作 $\lim x = a$，或 $x \to a$。在圆面积的定义中，我们把圆内接或外切正多边形的面积看做一个变量，圆面积是一个常量。

图 1–4

当圆内接或外切正多边形的边数无限递增时，它的面积无限接近圆的面积，我们就说当圆的内接或外切正多边形边数无限递增时，其面积的极限就叫做圆的面积。（如图 1–4）

1.1.2　圆周率的定义、性质及计算

圆周率代表圆周长和直径的比值，也等于圆面积与半径平方之比。用字母 π 表示（希腊语"圆周"的第一个字母），它是一个无理数，一个无限不循环小数。关于 π 的研究，在一定程度上反映了某个地区或时代的数学水平。

⊕ **如何用圆周长和直径来定义圆周率？**

在小学数学课本上，圆周率 π 指的是平面上圆周长和直径的比值。要理解这个定义，需要掌握圆周长的定义并证明圆内接正多边形的周长存在极限。

在平面几何中，当圆内接（或外切）正多边形的边数无限增加时，它的周长就接近圆周长。于是就得到了圆周长定义：当圆内接正多边形的边数用加倍的方式无限增加时，这些正多边形周长的极限叫做圆的周长。（陈仁政，2005）[2-3]

同时，从圆的任意内接正多边形出发，用任何方法使它的边数无限增加，各条边的长度就无限缩短。这样，这些正多边形的周长也就有一个极限，这个极限就是圆周长。这就是圆周长的另一个定义：当圆内接正多边形的边数无限增加时，内接正 n 边形的周长 p_n 就接近于一个确定的值，这个值就是圆周长 C，即 p_n 的极限是 C。以上两种定义并无本质的区别。

有了圆周长的定义，可以证明圆周长 C 与直径 D 的比——C/D 是一个与 D 大小无关的常数。如图 1-5，设圆内接正 n 边形的边长是 a_n。以 D' 为直径作圆 O 的同心圆，并且把这个圆的周长记作 C'，它的内接正 n 边形的边长、周长分别记作 a'_n 和 p'_n。从 O 到正多边形顶点的半径把这两个正 n 边形平均分成 n 个三角形。显然，这两个圆内接正 n 边形相似，所以 $a_n : a'_n = (D/2) : (D'/2)$，就是 $a_n : (D/2) = a'_n : (D'/2)$。因

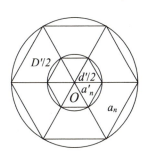

图 1-5

此 $p_n : D = p'_n : D'$，取极限后就得到 $C : D = C' : D'$。这就证明无论圆周长与它的直径如何变化，它们的比值始终是一个固定不变的数值，即 C/D 是一个常数，这个常数记作 π，也就是我们所说的 $C = \pi D$。

⊕ **如何用圆面积和半径来定义圆周率？**

> 思考
>
> 我们已经了解了圆周率与圆周长的关系，还有必要知道它与圆面积的关系吗？如果有必要，那它对圆面积计算公式的推导有何价值？

圆周率是一个常数，我们还可以换一个角度——从求圆面积和半径的比来证明。任取半径是 r 的圆，作此圆的内接正 n 边形，并把多边形的面积记作 S_n。当 n 无限增加时，内接正 n 边形接近于圆，p_n 接近于 C；同时，S_n 也就接近一个确定值，这个值叫做圆的面积 A。即当 n 无限增加时，内接正多边形的面积组成的无穷数列 S_1，S_2，S_3，S_4，S_5，S_6，S_7，…，S_n，…的

极限是 A。（陈仁政，2005）[2-3]

如图 1-6，作圆 O 的内接正 $2n$ 边形并连接它的中心和顶点，这 $2n$ 条线把圆分成 $2n$ 个三角形。其中相邻的两个三角形记作 $\triangle OAC$ 和 $\triangle OCB$，AB 与 OC 垂直相交于 D，于是有① $\triangle AOB$ 的面积 $= OD \cdot AB/2$ 和② $\triangle ACB$ 的面积 $= CD \cdot AB/2$。而 $AB = a_n$ 是圆内接正 n 边形的一边，又因为 $OD + CD = OC = r$。从①和②可知③ $\triangle OAC$ 的面积 $+ \triangle OCB$ 的面积 $= \triangle AOB$ 的面积 $+ \triangle ACB$ 的面积 $= (OD + CD) \cdot AB/2 = ra_n/2$。

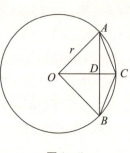

图 1-6

圆内接正 $2n$ 边形是由 n 个相邻三角形组拼成，因此可由③得到④ $S_{2n} = p_n r/2$。当 n 无限增加时，S_{2n} 趋向 A，p_n 趋向于 C，所以 $A = \pi r^2$。

⊕ 圆周率有哪些性质？

圆周率的性质是一个人们研究了几千年的问题，不同的数学家研究方法不一样。我们在这里讨论的 π 的性质，指的是 π 是一个怎样的数。例如，它是常数还是常量，是有理数还是无理数，等等。

π 是小学数学中涉及的唯一一个无理数。混沌初开，人们就在生活和生产实践中认识到 π 是常数，而且知道它的近似值，但其准确值却无人知晓。大约在 1 世纪，古希腊、巴比伦、埃及、印度、日本和中国的史料都记载了 $\pi = 3$。这种认识大致持续到中国刘徽之前，即约 3 世纪。刘徽不但认识到 $\sqrt{2}$、$\sqrt{15}$ 等开方不尽，称之为"不可开"；还认识到 π 应是"至然之数"，当时无理数的概念尚未形成。无理数最早是由古希腊毕达哥拉斯学派中的希伯索斯发现的。他发现边长为 1 的正方形的对角线长 $\sqrt{2}$ 不是有理数，不能用任何两个整数的比表示，是无限不循环小数。继而，古希腊科学家、哲学家亚里士多德揭示了 $\sqrt{2}$ 的无理性，并提出了无理数的数学思想。约 1300 年，中国元代数学家赵友钦用割圆术求 π 时指出："若节节求之，虽至千万次，其数终不穷"，说明他对 π 性质的认识，实际上已经接近无理数边缘了。

无理数的本质特征是"无限不循环"。由于在各种形式的 π 的级数展开式中，始终没有找到一个递减的几何级数，对 π 值进行的马拉松式的计算竞赛中，也一直没有发现任何循环现象，于是，就确信了 π 是无理数。理论上，人们尽管可以求得 π 准确到任意有限位小数的值，但实际上永远不可能用小数表示它的准确值。德国数学家克罗内克有一句名言："上帝创造了整数，其他一切都是人造的。"由此可见，人们对无理数的研究远远没有大功告成。

凡是能满足某个整系数代数方程的复数，叫做代数数；凡不是代数数的复数，叫做超越数。π 不是任何一个整系数代数方程的根，因而它是超越数。1794 年，法国数学家勒让德在巴黎出版了《初等几何》一书。他在证明了 π 是无理数的同时，提出 π 可能也是超越数的最早猜测。1873 年，法国数学家埃尔米特证明了自然对数的底 e 是超越数。他的证明在数学界引起了巨大的反响，也炒热了 π 是否也是超越数的话题。1882 年，德国数学家借助于欧拉著名的公式 $e^{i\pi}+1=0$，终于证明了 π 是超越数。

除了认识到 π 是无理数、超越数外，π 的数值排列还有没有什么规律？它与其他数又有什么联系？于是，人们对 π 的性质的探索又进入了寻找新规律的时期。

⊕ **圆周率的值是怎样算出来的？**

计算圆周率的值，引起了众多国内外数学家的兴趣，论著颇丰且高招迭出，归纳起来主要有 4 种：割圆术、分析法、"沙－波法"、椭圆积分法。在这里，我们主要讨论如何用割圆术计算圆周率。

人类最早计算 π 的科学方法是形形色色的割圆术。所谓割圆术，就是先作出圆的边数较少的内接或外切正多边形，通过计算它的长度进而求出周长或面积，再将正多边形的边数增加一倍，重复上述的计算，再增加，再计算……当边数无限增加时，算出的这个正多边形的周长或面积就接近圆的周长或面积，由此就可根据圆周长或面积公式得到 π 的值。实际上，我们不可能把边数增加到无限多，所以一般都计算到某一边数为止，再把 π 值界定在一定范围内或者取它的近似值。

中西方的割圆术略有不同，但本质一样。中国主要由圆内接正多边形逼近圆求 π，西方常用内接与外切正多边形两面进行"夹攻"，用算术平均数求 π 值。计算时，有的求周长，有的求面积，有的求面积比。

第一个用科学方法寻求圆周率数值的人是阿基米德，他在《圆的度量》（公元前 3 世纪）一书中，用圆内接正多边形的周长确定圆周长的上下界，从正六边形开始，逐次加倍计算到正九十六边形，得到 $3 + \frac{10}{71} < \pi < 3 + \frac{1}{7}$，取值为 3.14，开创了圆周率计算的几何方法，得出精确到小数点后面两位的 π 值。根据上述研究可以得出结论：①阿基米德科学而准确地首次确定 $\frac{223}{71} < \pi < \frac{22}{7}$；②取 π 两位实用值为 3.14 或 $\frac{22}{7}$；③得到一种可以计算任意准确度的 π 值的方法——割圆术；④第一次在科学中提出误差估计及其精确度的问题，即用上下界确定近似值。

中国古代数学家刘徽也不示弱，改进了割圆术得到 π 值为 3.14。公元 263 年，三国时代的魏晋数学家刘徽在注释《九章算术》中，只用圆内接正多边形就求得 π 的近似数，也得出精确到两位小数的 π 值，他的方法被后人称之为割圆术。

比较阿基米德与刘徽的方法：第一，阿基米德法用内接与外切正多边形两个方面进行计算，刘徽法只用圆内接正多边形面积"割圆"；第二，阿基米德法只算周长不算面积，刘徽法既要算周长又算面积；第三，阿基米德时代使用古希腊字母记数法，刘徽时代使用中国位值制记数法。无论是哪种研究方法，都体现了他们的智慧和探究精神。

刘徽割圆术不仅含有极限思想、积分思想，更重要的是证明了"半周半径相乘得积步"，即证明了圆面积计算公式。

得到 3.1416 的不止刘徽一个，但都比他晚。刘徽之后二百年，圆周率历史上又有一次重大突破，这就是我国南北朝时代数学家、天文学家和工程师祖冲之的卓越贡献。他进一步得出精确到小数点后 7 位的 π 值，给出不足近似值 3.1415926 和过剩近似值 3.1415927，还得到两个近似分数值，密率 $\frac{355}{113}$ 和约率 $\frac{22}{7}$。祖冲之算出 π 的 8 位可靠数字，不但在当时是最严密的圆周率，而且保持世界纪录九百多年！（梁宗巨，1995）[229] 另一方面，他选用两个简单的分数（密率和约率）来近似地表示 π，这在数学上有重要的意义。

古希腊数学家柏拉图曾经说过：数学是现实的核心。任何脱离现实而企图"严密"的科学都将导致失误。从这个意义上，用 3.14 代替 π 求出圆面积时，实际得到的已不是精确值。但这无关紧要，只要在允许的误差之内即可。事实上，任何实际测量都是近似值。从实际测量出发，计算的精确度并不能因 π 值位数的增加而增加，它不能超过量度的精确度。而从精确度的意义来说，如果取 35 位小数 π 值计算，就可以得到周长已精确到小于 10^{-4} 毫米数量级。由此看来，计算圆周率越来越多位数并不只是实际精度的需要，而是有重要而广泛的研究价值。

第一，欧多克索斯发展了安提丰用边数不断增加的圆内接正多边形逼近圆面积、布里森的"内外夹"思想，创立了"穷竭法"，丰富了"逐次逼近"的内容，体现了"化曲为直"和"以直代曲"的早期积分思想。同时，"穷竭法"成为了阿基米德科学计算 π 的先导，而"内外夹"思想则是割圆术的雏形。

第二，在计算 π 的过程中，促进了对各种无穷表达式的研究，丰富和发展了超越数理论，引发了新的概念和思想。

第三，能否准确计算 π 的值，尤其是位数越来越多的值，已经成为专家检验计算机可靠性、准确性、运算速度和计算容量的有力手段和衡量计算进展的指标。

第四，记忆越来越多位数的 π 值被公认为是检验人类机械记忆最好的标准——国际上将背诵 π 的值作为检测人记忆力广度、速度的最好方法之一。

1.1.3 圆的面积的计算方法

◈ 刘徽如何用割圆术求圆的面积？

割圆术是用极限的思想来计算圆周率的一种方法。我国古代数学经典《九章算术》在第一章"方田"中写道"半周半径相乘得积步"，也就是我们现在所熟悉的圆面积计算公式。为了证明这个公式，魏晋时期数学家刘徽于公元 263 年撰写《九章算术注》，书中提出了用割圆术求圆面积的方法，成为我国第一位应用极限方法解决数学问题的人。

根据记载，在刘徽之前，人们求证圆面积计算公式时，是用圆内接正十二边形的面积来代替圆面积。应用出入相补原理，将圆内接正十二边形拼补成一个长方形，借用长方形的面积公式来论证《九章算术》的圆面积计算公式。刘徽指出，这种论证"合径率一而弧周率三也"，即后来常说的"周三径一"，当然不严密。他认为，圆内接正多边形的面积与圆面积都有一个差，用有限次数的分割、拼补，是无法证明《九章算术》的圆面积计算公式的。因此，刘徽大胆地将极限思想和无穷小分割引入了数学证明，采用圆内接正多边形逐渐倍增边数的方法，使其面积逐渐接近圆的面积，并算出圆内接正一百九十二边形的面积，而得 $\pi \approx \dfrac{157}{50}$，后人称为"徽率"。

刘徽的思路：如图 1-7，圆内接正 n 边形的面积、周长、一边分别记作 S_n、P_n、a_n。设 AB 是圆内接正六边形的一边（a_6），AC 或 CB 是内接正十二边形的一边（a_{12}），则 $\triangle OBC = \dfrac{1}{2} DB \cdot$

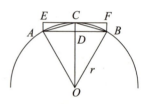

图 1-7

$OC = \dfrac{1}{4} a_6 r$，于是 $S_{12} = \dfrac{1}{2} a_6 r = \dfrac{1}{2} P_6 r$。同理

$S_{24} = \dfrac{1}{2} P_{12} r$。对于一般情况，有 $S_{2n} = \dfrac{1}{2} \cdot n a_n r = \dfrac{1}{2} P_n r$。

每次将边数加倍，"割之弥细，所失弥少，割之又割，以至不可割，则与圆周合体而无所失矣。"意思是割得越细，正多边形与圆周的差也越小。最后与圆周重合，便没有误差了。刘徽的这段话含有朴素的极限思想。他作圆内接正多边形，从六边形开始，每次边数加倍。边数越多，越与圆周接近，最后与圆周"合体"，多边形周长 P_n 成了圆周长 P，面积 S_{2n} 成了圆面积 S。于是 $S_{2n} = \dfrac{1}{2} P_n r$ 变成了公式 $S = \dfrac{1}{2} P r$。这就证明了圆面积计算公式。

同时，刘徽知道不管边数多大，内接正多边形的面积始终是不足近似值。为了确定圆面积的上界，他提出了一个十分简单而巧妙的方法。

设图 1-7 的 AB 是 a_n，则 $\triangle AOB = \dfrac{S_n}{n}$，$\triangle OBC = \dfrac{S_{2n}}{n}$，$\square ABFE =$

$2\triangle ABC = \dfrac{2(S_{2n} - S_n)}{n}$，$\triangle AOB + \square ABFE = \dfrac{S_n}{n} + \dfrac{2(S_{2n} - S_n)}{n} > \dfrac{S}{n} > \dfrac{S_{2n}}{n}$，

于是 $S_{2n} < S < S_n + 2 (S_{2n} - S_n) = 2S_{2n} - S_n$。刘徽仅用内接正多边形就确定了圆面积的上、下界，比阿基米德的方法简捷巧妙。

⊕ **教材中用什么方法计算圆的面积？**

思考

回忆一下，小学教材中使用什么方法计算圆的面积？想一想，小学、初中、高中的教材推导圆面积的方法一样吗？分别是怎样研究的？

圆的面积公式的推导，在小学、初中、高中教材中有不同的解读，基本的方法通常有三种。

（1）求数列极限法

根据定义 2，圆的内接或外切正多边形，当边数无限递增时，其面积的极限叫做圆的面积。因此，圆的面积公式可以用求数列极限的方法来推导。

设圆 O 的半径为 r，它的内接正多边形 $A_1 A_2 \cdots A_n$ 的面积为 S_n，圆 O 的面积为 S。

在 $\triangle A_1 O A_2$ 中，$OA_1 = OA_2 = r$，$\angle A_1 O A_2 = \dfrac{2\pi}{n}$；

$S_n = n \left(\dfrac{1}{2} r^2 \sin \dfrac{2\pi}{n} \right)$，$S = \lim\limits_{n \to \infty} S_n = \lim\limits_{n \to \infty} \left(n \cdot \dfrac{1}{2} \right.$

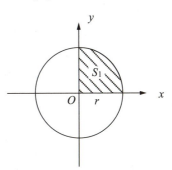

图 1-8

$\left. r^2 \sin \dfrac{2\pi}{n} \right) = \pi r^2 \lim\limits_{n \to \infty} \left(\dfrac{n}{2\pi} \sin \dfrac{2\pi}{n} \right) = \pi r^2$

同理，设圆外切正 n 边形的面积为 Z_n，则也有 $\lim\limits_{n \to \infty} Z_n = \pi r^2$。

（2）定积分法

可以利用定积分的方法来推导圆的面积公式。首先在直角坐标中作出圆 $O(r)$ 的图像，如图 1-9。利用圆的对称性，可得圆的面积等于第一象限部分面积的 4 倍，即 $S_{圆} = 4S_1$。

推导第一象限（曲边图形）面积方法如下：

图 1-9

　　首先将曲边图形分割成若干个小曲边梯形，用相应的小长方形的面积近似地代替小曲边梯形面积，再求这些小长方形的面积和作为原曲边图形面积的近似值，当被分割的曲边梯形无限变小时，这个近似值就无限接近于曲边图形的面积。这个过程如图 1 - 10 所示。

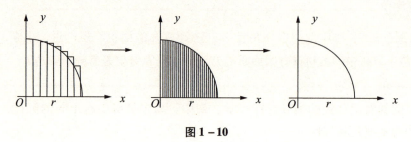

图 1 - 10

具体的做法：

①将曲边图形分割成 n 个小曲边梯形。

把区间 $[a, b]$ 等分为 n 个小区间，令分点分别为：

$$a = x_1 < x_2 < \cdots < x_i < x_{i+1} < \cdots < x_{n+1} = b$$

这 n 个小区间分别是：

$$[x_1, x_2], [x_2, x_3], [x_3, x_4], \cdots, [x_i, x_{i+1}], \cdots, [x_n, x_{n+1}]。$$

每个区间的长度为 $\triangle x = \dfrac{b-a}{n}$。

　　过各分点，也就是各个小区间的端点作 x 轴的垂线，把曲边图形分为 n 个小曲边梯形，令它们的面积分别为：$\triangle S_1$，$\triangle S_2$，$\cdots$，$\triangle S_i$，$\cdots$，$\triangle S_n$。

②以"直"代"曲"，用小长方形面积近似代替小曲边梯形面积。

　　在小区间 $[x_i, x_{i+1}]$（$i = 1, 2, \cdots, n$）上任意取一点 ξ_i，过点 ξ_i 引 x 轴的垂线使它交曲边图形的曲边于 P_i，则 P_i 点的纵坐标是 $f(\xi_i)$。以 $f(\xi_i)$ 为长、$\triangle x$ 为宽的小长方形面积 $f(\xi_i) \triangle x$ 近似地代替相应的小曲边梯形面积。于是有：

$$\triangle S_i \approx f(\xi_i) \triangle x，（i = 1, 2, \cdots, n）。$$

③求 n 个小长方形面积之和，得到曲边图形面积的近似值：

$$S_1 \approx \sum_{i=1}^{n} f(\xi_1) \triangle x$$

④求和的极限，使近似值转化为 S_1 的精确值：

如图 1 - 10，当区间越分越细，分点个数 n 越大，则 $\triangle x$ 越小。这时，n

个小长方形面积之和 $\sum_{i=1}^{n} f(\xi_i) \triangle x$ 就愈接近曲边图形的面积 S_1。而当 $n \to \infty$，$\triangle x \to 0$（也就是每个小区间的长度趋于零）时，整体的近似值就转化为它的精确值，n 个小长方形面积之和的极限就是所求曲边图形面积，得：

$$S_1 = \lim_{n \to \infty} \sum_{i=1}^{n} f(\xi_i) \triangle x$$

这就是函数 $f(x)$ 在区间 $[a, b]$ 上的定积分，记作 $\int_a^b f(x)\,\mathrm{d}x$

即 $\int_a^b f(x)\,\mathrm{d}x = \lim_{n \to \infty} \sum_{i=1}^{n} f(\xi_i) \triangle x$

根据图 1-9，

$$
\begin{aligned}
S_{\text{圆}} &= 4S_1 = 4\int_0^r y\,\mathrm{d}x \\
&= 4\int_0^r \sqrt{r^2 - x^2}\,\mathrm{d}x \\
&= 4\left(\frac{r^2}{2}\arcsin 1 - 0\right) \\
&= 4 \cdot \frac{r^2}{2} \cdot \frac{\pi}{2} \\
&= \pi r^2
\end{aligned}
$$

这就是以 r 为半径的圆面积计算公式推导过程。（王汉生，1983）

（3）"印度圆"法

根据学生的年龄特征和认识规律，小学数学教材中通常使用"印度圆"的方法，直观地推导研究圆的面积公式。

取一个圆，把它们等分成相同的若干个全等扇形，然后把它们沿半径剖开（但扇形的圆弧仍然连着），展开成两条长度相等的锯齿条形（如图 1-11）。然后，把两条锯齿形互相嵌入即成一个近似的长方

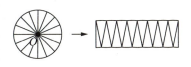

图 1-11

形。份数分得愈多，其形状愈接近矩形，这个长方形的高为圆半径 r，底为圆周长的一半 $\frac{C}{2}$，因此面积为 $\frac{rC}{2}$，从而得圆面积为 $S = \frac{rC}{2} = \pi r^2$。在实际教学中，教师将圆等分后，通常拼成平行四边形、长方形、三角形、梯形等基本图形，推导圆面积计算公式。

在小学数学教材中，至今还在用这一模型作为圆面积计算公式的直观

教具。著名的德国天文学家、数学家开普勒为了得到圆面积计算公式，进一步把圆看做无数个顶点在圆心、底在圆周上的三角形之和。他把圆看成了无数个微小三角形面积之和，这已经具有了积分学的萌芽。（张奠宙等，2009）[166]

1.1.4 圆的面积与周长的关系

思 考

圆的面积与周长有什么关系？周长相等的情况下，围成的平面图形的面积谁最大？关于这个知识学生会怎样想？有必要进行教学吗？

一个平面图形，周长可以非常大，但面积可以非常小。而对于圆来说，它的周长和面积有着特殊的关系。

对于半径为 r 的圆，设其面积为 S，周长为 C。显然，$S = \pi r^2$，$C = 2\pi r$，而且 $r > 0$。从而，$S = \dfrac{C^2}{4\pi}$，或者 $C = 2\sqrt{\pi} \cdot \sqrt{S}$。

由此可见，对于圆来说，周长和面积的算术平方根成正比。这就是说，对于周长一定的圆，其面积也是唯一确定的。圆的周长越大，圆的面积也大。反之，圆的周长越小，它的面积也小。

为了进一步分析圆的特性，我们可以从"周长一定的绳子，围成怎样的图形面积最大"的问题入手研究。

我们可以先讨论围成三角形。假设一条绳子长 L，用它围成一个三角形。设 $\triangle ABC$ 的三边长分别是 a，b，c，那么周长为 $a + b + c = 2p$。根据海伦公式：

$$S_{\triangle ABC} = p(p-a)(p-b)(p-c)$$

$$\leqslant p \cdot \left[\frac{1}{3}(p-a+p-b+p-c)\right]^3$$

$$= p \cdot \left[p - \frac{1}{3}(a+b+c)\right]^3$$

$$= \frac{C^4}{432}$$

等号当且仅当 $a = b = c$ 时成立，所以周长一定的三角形，等边三角形的面积最大。

当我们把绳子围成一个四边形时，四边形的边长分别是 a，b，c，d，它的周长为 $a+b+c+d=2p$。根据四边形面积公式：

$$S_{四边形} = \sqrt{p(p-a)(p-b)(p-c)(p-d)}$$

$$\leqslant p \cdot \left[\frac{1}{4}(p-a+p-b+p-c+p-d) \right]^4$$

$$= p \cdot \left[p - \frac{1}{4}(a+b+c+d) \right]^4$$

$$= \frac{C^5}{512}$$

等号当且仅当 $a=b=c=d$ 时成立，所以周长一定的四边形，正方形的面积最大。

当我们把绳子围成圆内接正 n 边形时，半径为 r，周长为 C，面积为 S，

则：$C = n \cdot 2r \cdot \sin\frac{\pi}{n} = 2\pi r \cdot \dfrac{\sin\frac{\pi}{n}}{\frac{\pi}{n}}$，$S = \dfrac{C^2}{4\pi} \cdot \dfrac{\frac{\pi}{n}}{\tan\frac{\pi}{n}}$。随着边数 n 的增加，

面积越大。所以，对于周长一定的圆内接正多边形，边数越大就越接近圆，它的面积也就越大。对于面积一定的圆内接正多边形，越接近圆，它的周长越小。

事实上，这个结论还可以推广到：

在周长一定的情况下，越接近圆的图形面积就越大，如 $S_{圆形} > S_{正方形} > S_{长方形} > S_{三角形}$；

在面积一定的情况下，越接近圆的图形周长就越小，如 $P_{圆形} < P_{正方形} < P_{长方形} < P_{三角形}$。

1.1.5 小学阶段研究圆面积计算公式用到的数学思想方法

出入相补原理和化归思想在探求圆面积计算公式过程中得到了充分的体现，有较好的研究价值。

思考

什么叫"出入相补原理"？什么是"化归思想"？它们对圆面积教学有何影响？

⊕ 出入相补原理

出入相补原理是我国古代数学家刘徽的重要成就之一。他提出的"以盈补虚"其实就是"等积变换"——平面上保持面积不变的一种变换。出入相补原理常用于图形面积的计算。将一个未知面积的图形 A，经过切割、拼补之后，转化为一个图形 B。于是将图形 B 的面积作为图形 A 的面积。如图 1 – 12 中，一个圆通过割补把盈的部分变换成虚的部分，使得我们可以用平行四边形的面积公式推导出圆面积计算公式。同样地，我们仍然可以用

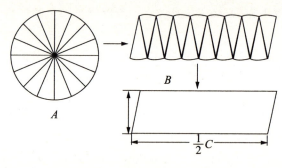

图 1 – 12

出入相补原理把同一个圆变换成一个梯形，从而验证圆面积的计算公式。这里，关键的一点是面积的"运动不变性"，即切割下的图形经过运动后，其面积不会改变。因此，出入相补原理的理论根据是面积的"运动不变性"。

⊕ 化归法

"化归"是数学问题解决的一般方法，基本思想是：把待解决的新问题，通过某种转化的手段，归结为容易解决的或者已经掌握方法的另一个问题，通过对转化后问题的解决，从而获得对新问题的解决，图 1 – 13 对此法做了清楚的描述。（邵光华，2009）[278]

在用化归法解决问题时，有一个必要的条件是：与原来的问题相比，化归后得到的问题必须是已经学过的、会解决的，或者是较为容易的问题。也就是说，化归的方向应当是由未知到已知，由难到易，由繁到简。

数学中用以实现化归的方法有很多，在这里我们主要讨论分割法和逐

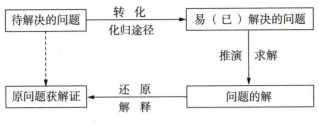

图 1 –13

步逼近法。

分割法就是将要解决的问题按照可能和需要，分成若干部分，使它们更易于解决。在面积计算中经常用到分割法，例如圆面积的计算，就可以将圆分割成若干个小等分三角形，继而用每个小三角形的面积乘小三角形的个数，就求得了圆的面积。一般地说，这种计算面积的过程可归纳成图 1 –14（郑毓信，2006）。

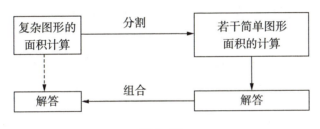

图 1 –14

逐步逼近法就是在数学思维中或在数学解题中，用逐次渐进的发展过程去求得问题的解决，用逐次缩小研究范围的方法去求得问题的解决。在计算较复杂的、不规则图形的实际面积时，人们往往用渐进、逼近的方法来解决。在中国古代，刘徽的割圆术也是运用逐次逼近的思想方法获得了圆面积的计算公式。而在古希腊，阿基米德曾用多边形面积来逼近抛物弓形的面积。阿基米德先作一个内接三角形 ABC，然后在分割成小的抛物线弓形内，添加一系列更小的内接三角形，这种添加过程不断继续下去，从而利用三角形面积来逐渐逼近弓形面积。刘徽的割圆术思想和阿基米德求弓形面积的思想都运用了逐次逼近的思维方式，通过极限过程去逼近精确解，求得满足误差要求的近似解。

化归法的核心思想是：应以可变的观点去看待问题。化归法在数学研究中有重要的作用，但它也具有一定的局限性。首先，并不是所有的问题都可通过化归法得到解决；其次，运用化归法解决问题的关键，在于能否找到正确的化归方向与方法，它的成功应以数学发现为前提。

⊕ **类比法**

类比是指通过两个对象类似之处的比较，由已经获得的知识引出新的猜想。类比法在数学发现中具有十分重要的作用。类比法是由已知的事实去引出新的猜测，如面临一个需要解决的问题时，为了找到可能的解决方法，应首先考虑另一个与它相似但已经得到解决或较易解决的问题，最后通过类比获得关于如何求解当前问题的有益启示。

常用的类比方法有：平面与空间的类比、数与形的类比、有限与无限的类比。在数学研究中，经常通过有限与无限的类比来从事无限性对象的研究。由于圆可以看成它的内接正多边形当边数趋向无穷时的极限情况，因此我们可通过类比由多边形的性质联想出圆的相关性质。如根据"三角形的面积等于底与高的乘积的一半"的结论，可以证明圆内接正多边形的面积等于周长与边心距的乘积的一半。进而，又可以联想到圆的面积很可能等于其周长与半径乘积的一半，即 $S = \dfrac{1}{2} C \cdot r = \dfrac{1}{2} (2\pi r) \cdot r = \pi r^2$。

必须强调的是，有限与无限的类比只是一种猜测的方法。由此所得出的只是可能的结论，它既有可能是真的，也可能是假的。因此我们还需要进行严格的论证，以确保结论是正确的。

1.2　上位数学知识对圆的面积教学的启示

清楚了解圆的面积的定义以及它的面积公式推导方法，掌握它的本质属性，可以指导我们的日常教学，避免出现科学性错误。

⊕ **如何理解圆面积计算公式推导的特殊性？**

圆是一个曲边图形。圆面积计算公式的推导要比先前学的长方形、平行四边形、三角形等直边图形面积推导困难得多。首先，直边图形面积推导中的"化归思想"在圆面积计算公式推导中具有同样重要的价值；其次，圆面积计算公式推导，需要实现化曲为直、有限和无限、近似和精确的转化，从而体现相互转化以及量变到质变的辩证规律。在这个过程中，不但运用了变换的思想和方法，而且还运用了极限思想和极限方法。

⊕ **如何把握平面图形面积计算的教学顺序？**

根据小学生的认知水平和平面图形特征及其面积计算公式的推导过程，可以遵循这样的教学顺序：面积和面积单位（紧扣度量意义，理解面积性质）——长方形、正方形面积计算（边长为 a、b 的矩形，面积是由 ab 个单位正方形组成）——平行四边形面积计算（利用化归思想，将平行四边形割补成等积的，边长为 a、h 的矩形，其平行四边形的面积就是 ah）——三角形面积计算（用两个全等的三角形拼成一个平行四边形，得到三角形的面积计算方法）——梯形面积计算（用两个全等的梯形拼成一个平行四边形，得到梯形的面积计算方法）——圆面积计算（化曲为直，将圆尽量多地等分，近似地拼成长方形、平行四边形、三角形或梯形，推导出圆面积计算公式）。这也是我国现行小学数学教材关于平面图形面积计算教学的编排顺序。

另一方面，国内一些数学专家提出了一个改革几何教材的方案：从矩形面积出发，引入三角形，迅速展开。因为，直角三角形的面积是相应的矩形面积的一半（如图 1 – 15）。而任意三角形面积，可以通过作高计算，知道它是"底边长乘高"的一半。任意凸多边形可以划分为若干个三角形，其面积是这些三角形面积的和。

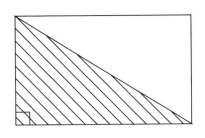

图 1 – 15

对于曲边图形"圆"，也可以通过无限等分成近似三角形，同样以三角形面积之和来求圆面积（如图 1–16）。每个近似三角形的底是圆周长除以等分份数，高就是圆的半径，圆面积 $= \frac{1}{2}\left(\frac{C}{n} \times r\right) \times n = \pi r^2$。

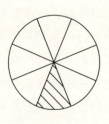

图 1–16

这一教学思路是以三角形为基本图形展开初等几何的学习，有可能提供一种比传统几何教学易学、生动、丰富的教学，值得借鉴与尝试。

⊕ **如何促使圆面积计算公式的推导更科学？**

根据上位数学知识可知，圆的面积公式是用极限、微积分等方式精确推导出来的。而小学数学并不学习这些知识，限于学生的年龄特征，教材中的圆面积计算公式的推导，只是在有限范围里的近似值，不可能十分严密。作为教师，应当了解知识的逻辑结构、公理化处理方式，领会数学思想，充分利用信息技术辅助教学，逐个呈现多个不同等分（由少到多）圆的拼组图，动态演示等分圆拼组的逼近过程，引导学生观察、抽象、想象，体验极限思想，发展空间观念，从而准确地把握数学本质。

⊕ **如何理解圆拼成长方形后的长边与 $\frac{C}{2}$ 之间的关系？**

圆十六等分后的每一份是扇形，扇形的弧是曲边。因此，用十六等分圆拼成的长方形的长仍然是一条曲线。而这条曲线的长度近似于圆周长的一半，但不能直接用 $\frac{C}{2}$ 表示。只有当等分的份数趋向无限时，拼成的图形才越来越逼近长方形，这个长方形正是这个无限图形序列的终极状态，也就是无穷序列的极限。这时长方形的长边才是 $\frac{C}{2}$（如图 1–17）。

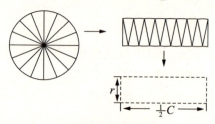

长方形的边用虚线表示

图 1–17

⊕ **如何引导学生探究圆面积与半径之间的关系？**

圆的面积与半径有关。可以通过比较圆面积与圆内接正方形和圆外切正方形面积，得到圆的面积是它的半径平方的 4 倍差一点，3 倍多一些。

图 1 - 18

在这个观察、比较、探究的过程中，既可以感知圆面积与半径之间的关系，又可以估计圆面积的大小范围。

⊕ **如何让学生进一步体会极限思想？**

人们接触到的现实是有限的，但是人的思维能力是无限的。小学数学里有许多地方涉及无限，如自然数是无限的、直线是可以无限延长的……学生对"无限"并不是难以接受。至于使用"无限延长也永不相交"，更是用动态的操作来定义直线的平行，体现无限的过程。进一步，小学数学又使用极限的方法来处理无限，包括圆周长和圆面积的测量。

在"圆的周长"一课中，学生已经初步了解极限思想，感知圆内接或圆外切正多边形边数无限递增时，正多边形的边长逼近圆的周长。同样，在圆面积计算公式的推导过程中，需要同时呈现多个等分的拼组图（如图 1 - 19）。

同时呈现这几幅等分拼组图，可以帮助学生经历一个"直观的极限过程"——在"观察有限分割"的基础上，"想象无限分割"，根据拼成的几个图形的变化趋势想象它们的终极状态，从而领会将圆无限细分后拼成的才是真正的长方形。由此看出，无限不能用具象的生活现实来表示，这是人类思维的能动性所支撑的。

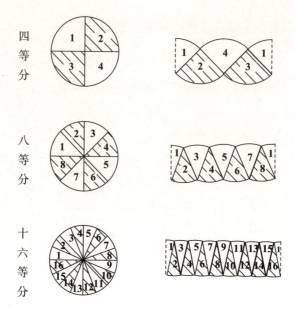

图 1-19

⊕ **如何处理 π 与其近似值 3.14 之间的关系?**

根据上文,我们已经知道圆周率是一个无理数,一个无限不循环小数。在小学数学教材中,为了计算的方便,通常把 3.14 作为 π 的一个近似数,用 3.14 乘半径的平方计算圆面积的值。但是,从严格意义上说,这个数值仅是圆面积的近似值,而非准确结果。也有一些教师允许学生直接用 2π、9π、25π 等形式表示圆面积的大小,这样做既降低了计算难度,又加深了学生对 π 的意义的理解。

2

课程标准（教学大纲）研究

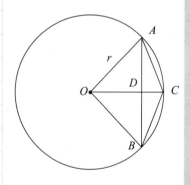

课程标准（教学大纲）是国家课程的基本纲领性文件，它以纲要的形式规定了数学学科的课程性质、课程目标、具体内容和实施建议。它是编写教材和进行教学工作的主要依据，也是检查学生学业成绩和评估教师教学质量的重要准则。可以说，对课程标准（教学大纲）的解读是教师提升认识、深化课改的关键性工作。

　　在本篇，我们针对一节课的研究，解读不同时期颁布的课程标准（教学大纲）中相关知识点的内容，提出并分析解决了相关疑问。比如"圆的面积"一课，从哪年起开始出现圆的面积的教学要求？从哪年起对圆的面积的教学提出了具体要求？如何理解2011版课标对圆的面积教学提出的新要求？国外课程标准对圆的面积的教学要求又有何不同……从不同历史时期和国内外两个维度比较课程标准（教学大纲）的异同，有利于教师更好地掌握具体教学要求，感悟教学目标；有助于提高教师对课程的执行力，提高教学目标的达成度。

2.1 我国历年课程标准（教学大纲）对圆的面积的教学要求

我国的中小学课程从清朝末年至今，经历了近百年的发展过程。回顾我国课程发展的这段历史，探讨发展规律，对研究中小学课程改革是十分重要的。在 20 世纪的 100 年中，我们国家一共颁布了 20 余个版本的课程标准（教学大纲）。在 21 世纪初的 2001 年，我国颁布了《全日制义务教育数学课程标准（实验稿）》（简称"实验稿课标"），2011 年教育部又颁布了《义务教育数学课程标准（2011 年版）》，（简称"2011 版课标"），这也是至今正在使用的课程标准。这些国家层面颁布的纲领性文件对圆的面积的教学无疑产生着极其重要的影响。

2.1.1 从哪年起开始出现圆的面积的教学要求？

> **思考**
>
> 你认为圆的面积自古以来就是小学数学的教学内容吗？

1902 年，我国就颁布了《钦定蒙学堂章程》，之后又分别在 1904 年颁布《奏定初等小学堂章程》，1912 年颁布《小学校教则及课程表》，1916 年颁布《国民学校令施行细则》，在这些文件中都没有提出在小学进行有关圆的知识的教学。直到 1923 年俞子夷起草的《新学制课程标准纲要·小学算术课程纲要》中，要求在第六学年学习"求圆积"等知识。（课程教材研究所，1999）这是我国首次要求在小学学习有关圆的知识。但由于这份纲要很简单，对圆的面积及相关知识的具体教学要求无法从笔者所拥有的文献中得到。

2.1.2 从哪年起对圆的面积的教学提出了具体要求？

从 1932 年的《小学各科课程标准·算术》开始，比较具体地提出了在不同年级学习圆的不同知识：第一、二学年作业要项——三角形、圆形、方形的认识。第三、四学年作业要项——圆和椭圆的认识。第五、六学年作业要项——圆周长和圆的面积的计算。也就是说，我国是从 1923 年提出在小学学习圆的知识，而到 1932 年的课标中，对圆的概念、圆的周长与面积的教学提出比较明确的要求。在 1988 年至今的六个课程标准（教学大纲）中，都是一年级有圆的直观认识，在五年制的五年级或六年制的六年级学习圆的特征、圆的周长与面积等相关知识。

自从 1932 年课标对圆的面积提出明确的教学要求以来，主要有以下三种表述方式：（1）1963 年《全日制小学算术教学大纲（草案）》中是"圆的周长和面积公式的认识和计算"；（2）1986—2000 年的教学大纲中是"掌握圆和扇形的面积计算公式，能够正确地进行计算"；（3）2001—2011 年的课程标准中是"探索并掌握圆的周长和面积公式"。

2.1.3　如何理解 2011 版课标对圆的面积教学提出的新要求？

> **思 考**
>
> 你觉得随着历史的发展，小学数学教育的总体目标是在提高，还是在降低？对于圆的面积的教学要求呢？

在 2011 版课标中，圆的面积属于第二学段"图形与几何"的研究范畴，这一领域提出了具体的教学要求：通过操作，了解圆的周长与直径的比为定值，掌握圆的周长公式；探索并掌握圆的面积公式，并能解决简单的实际问题。同时，圆的面积还是学习圆柱体、圆锥体表面积和体积的知识基础。因此，关于圆的面积的教学研究一直备受一线教师和教学研究者的关注。

> **思 考**
>
> 比较不同时期的课标（大纲），你认为对圆的面积的教学要求从"认识圆的面积公式"到"掌握圆的面积公式"再到"探索圆的面积公式"，这之间有什么区别？"认识"、"掌握"和"探索"的差异在哪里？

根据以上教学要求，我们可以看到：课标（大纲）对圆的面积的教学要求从"认识圆面积公式"到"掌握圆面积计算公式"再到"探索并掌握圆面积公式"。2011 版课标使用"了解、理解、掌握、运用、经历、体验、探索"等术语表述学习活动结果目标的不同水平，这些词的基本含义如下。

了解（同类词：知道、说出、辨认、识别）：从具体事例中知道或举例说明对象的有关特征；根据对象的特征，从具体情境中辨认或者举例说明对象。

理解（同类词：认识、会）：描述对象的特征和由来，阐述此对象与相关对象之间的区别和联系。

掌握（同类词：能）：在理解的基础上，能将对象用于新的情境。

运用（同类词：证明）：综合使用已掌握的对象，选择或创造适当的方法解决问题。由此可见，课标（大纲）对圆的面积的教学要求是在不断提高。

经历（同类词：感受、尝试）：在特定的数学活动中，获得一些感性认识。

体验（同类词：体会）：参与特定的数学活动，主动认识或验证对象的特征，获得一些经验。

探索：独立或与他人合作参与特定的数学活动，理解或提出问题，寻求解决问题的思路，发现对象的特征及其与相关对象的区别和联系，获得一定的理性认识。

在 2011 版课标所使用的目标行为动词中，"认识"与"理解"同义，而"掌握"、"探索"的要求会更高。"认识圆的面积公式"的含义是指：根据圆的特征，阐述圆的面积公式与相关平面图形面积公式之间的区别和联系。而"掌握"是在理解或认识的基础上，把圆的面积计算公式应用于新的情境中。"探索并掌握圆的面积计算公式"的含义是指：经历圆的面积公式的探究过程，发现圆的面积公式与其他平面图形面积公式的联系与区别，寻求解决问题的思路，获得理性的认识。由此可见，课标（大纲）对圆的面积公式的教学要求在不断提高。

2.2　国外课程标准对圆的面积的教学要求

20 世纪 80 年代末以来，美、英等国家相继发起了以标准为导向，以基础教育质量为目的的教育改革运动。这些国家非常强调小学的几何教学是经验几何，是通过动手积累、丰富有关图形与空间观念的经验。

> **思 考**
>
> 了解国外课标关于圆的面积教学要求有何意义？你会选择哪些国家进行比较研究？

2.2.1　美国的教学要求

美国小学数学课程标准认为，儿童在学校学习几何与空间的知识，应通过在课堂上探索、研究、讨论形状和结构而得到进一步的扩展。美国 K – 4 阶段的第九标准为"几何与空间感"，它的目的要求为：

① 对图形进行描述、制作、绘画、分类；

② 将图形进行拼合、分割、变形时会对结果进行探索和猜测；

③ 培养空间感；

④ 将几何思想同数与度量的思想联系起来。（黄建弘，1995）

2010 年 6 月，美国颁布了《统一州核心课程标准》，它是由全美州长协会和美国州首席学校官员理事会联合推出的，涵盖了 K – 12 各个年级数学学科的课程标准体系。

3 年级，该标准提出的相关内容集中于发展对于矩形数组和面积的理解。具体要求有：

①将面积认作平面图形的一种属性，理解面积度量的概念。用单位 1 做边长的正方形称做"单位正方形"，面积为一个"平方单位"，可被用来度量面积；若一个平面图形可以被 n 个单位正方形不重复不遗漏地精确覆盖，那么称其面积为 n 个平方单位。

②通过数单位正方形的方式度量面积。

③将面积与乘法和加法的运算联系起来。通过将直边图形分解为若干

个小图形，并相加获得面积的方法理解面积是可加的；能将图形进行面积等分。

④认识周长是平面图形的一种属性，区分线性度量和面积度量。

4 年级，该标准主要集中于理解几何图形的性质来进行图形的分析和分类。具体体现在：

①将矩形的面积和周长公式应用于实际问题的解决。

②理解角是一个几何图形。角的度量即为相对于一个圆心位于两条射线公共端点的圆，考虑两条射线交圆形成的圆弧相对于整个圆的份数。一个转过 $\frac{1}{360}$ 的角称为"一度角"，并用于角的度量。

③识别对称图形，并画出对称轴。

7 年级，该标准指出教学应集中于操作图形来解决面积、表面积和体积的相关问题。具体要求：

知道圆的面积与周长的公式，并应用其解决问题，给出一个有关圆的面积与周长关系的非正式的来源。

由此可见，美国的课程标准十分重视图形的度量，小学 3 年级就要求学生通过理解面积概念、建立度量单位、习得度量方法、积累面积可加和面积等分的度量经验，更好地理解度量的意义和性质，为学习其他平面图形，探究面积计算方法奠定基础。但是，笔者也发现圆的面积的相关知识教学，直到 7 年级才正式作为学校教学内容，也从另一个侧面反映了这部分内容的教学难度。

2.2.2　英国的教学要求

英国在 1994 年课标修订建议草案中专门设立了"图形和空间"，以示在这方面的重视。并在关键阶段 2 的"图形、空间和测量"领域提出具体要求：求简单图形的周长，引进圆周率 π，求圆周长，用计数的方法求面积和体积，引入其他实用方法（分割法）。在一系列有目的的情境中应用度量技巧。

1999 年，英国颁布了国家数学课程标准，为全国的数学教学规定了清晰、完整并具有法律地位的课程要求。该课标规定了教学的四个关键阶段，描述了教师在四个阶段应该教会学生什么数学内容，应该如何设计并实施教学方案。其中，在关键阶段 3（学生预期年龄 14 岁）提出相应要求：

①理解圆的性质；熟记圆的定义和相关术语，如圆心、半径、弦、直径、切线、弧、扇形和弓形；理解圆上任意点的切线垂直于过这点的半径；理解可以等分圆作圆内接正多边形。

②熟记矩形的面积计算公式，理解数正方形求面积与用公式求面积的内在联系，运用基本图形的面积计算公式求圆的周长和面积，熟记相关公式。

英国国家数学课程标准十分注重学生的数学活动，尤其是探究活动，在几何度量教学中设计了动手实践和探索的开放性作业。如，根据篮球场平面图计算图形的周长和面积，解决问题；"约当的靴"求靴底近似的面积……在解决问题的过程中，发展空间观念，培养数学能力。

2.2.3　德国的教学要求

德国的小学几何教学是经验几何教学，对象都是取之于生活实际中具有一定几何形状的实物，通过体验这些实物来获得几何基本经验。2010 年，德国黑森州组织编写了 12 年义务教育的课程大纲。大纲分为小学阶段和中学阶段，并分别在每个学段从"量与数"、"量"、"几何学"三个领域进行具体要求的描述。

该课程大纲在小学阶段指出：几何教学对空间感知和思维的发展、确定方向的能力、绘图技能和语言表达等有很大的作用。它能通过运用创造性素材促进想象力、独立性和解决问题的兴趣。内容包括位置关系、对象特征、几何图形和几何体、图案装饰和对称性、图形大小和周长、使用绘图仪。课程大纲还指出，小学几何教学的重心没有对概念和定理系统化，而是对其发现、估算、比较、描述和构建。通过在观察、折叠、粘贴、剪裁、切割和构建等实际经验中形成概念和定理并逐渐熟悉。

该课程大纲要求学生在 1～2 年级认识几何学的基础形式：三角形、正方形、长方形、圆形、立方体、长方体、圆柱和球形。在 3～4 年级，学生通过拆分平面和图形转化训练组合能力、平面比较和测量，并以此形成对平面和周长及大小的基本概念，从中可以注意到几何体特点、面积、周长、角度大小、形状等。学生能用辅助工具画圆并测量，还必须能够独立在想象中制订解决方案，在失败中不断调整。在 5～6 年级，掌握长方形、正方形、平行四边形、三角形和梯形的面积，能应用情境中的四边形面积和周长（割、补）。在7年级学习圆的计算，会算圆周长和面积，圆周率近似值的实验确定，作为周长的比例系数，函数观点中的弧长和扇形面积。（曹一鸣，2012）

德国数学课程大纲在小学阶段认识圆和学会画圆，在中学阶段才正式学习圆的周长和面积计算。可见，德国数学教学十分重视"几何基础经验"的积累，要求学生"通过图形、图案的拼合、折叠、剪切"来认识、描述和度量基本图形和其表面，比较与各种各样的表面或立体相互间的大小，并在长度、面积和体积上获得初步的印象。此外，他们认为口语化的概念以及儿童发现的名称比起专业概念更为生动形象而且易于理解，应当作为合适的、有价值的、轻松的替代概念来补充教学。对不同的儿童、不同的概念可以持续不同的时间。而几何教学这样的主题应当分布于整个学习阶段，并在不同的角度中被多次重复和深化。

2.2.4 芬兰的教学要求

芬兰教育事业发达，在连续四届由世界经济合作组织（OECD）组织的"国际学生评价项目"（PISA）中表现优异，引起了世界的普遍关注。2004年，芬兰国家教育委员会依据《基础教育法案》颁布了最新版本的国家级课程标准《基础教育国家核心课程2004》，该课程标准将基础教育分为1~9年级，数学被划分了三个学段，分别为1~2年级、3~5年级和6~9年级。各学段相应的标准内容规定如下。

1~2年级：观察并描述环境中的几何图形。

2年级的期末良好表现标准为：知道平面和三维图形的基本形式，包括四边形、三角形、圆、球和立方体。

3~5年级：知道圆及其构成。

5年级的期末良好表现标准为：理解测量原理，知道如何预估所测物体的大小并判断测量结果的合理性，用恰当的度量单位表示结果。知道如何计算平行四边形和三角形的面积与周长。

6~9年级：知道正多边形、圆及其相关概念，计算平面图形的周长和面积。

8年级的期末良好表现标准在几何领域提出：应用所学的知识计算周

长、面积和体积。

由此可见，圆的面积相关知识的学习放在第三学段的 8 年级进行。与美国、德国等一些课程标准相比，芬兰《基础教育国家核心课程》中有关数学课程的内容并不是十分详细，仅仅起到提纲挈领的作用，这样地方政府与学校就有了更多的自主空间。通过对这个课标的解读，发现芬兰的义务教育所关注的不仅仅是知识的传授，它在每个年级期末都制定了"良好表现的标准"，从思维与技能、数运算和代数、几何、测量等维度评价学生的学习水平，培养学生的思维与能力，细致地规定了如何确保所有学生享有公平的高质量教育。

2.2.5　日本的教学要求

日本于 2008 年 1 月制定了《数学课程标准》。该标准对原有各阶段的数学课程标准进行了修订，特别重视小学低、中学年的体验性理解和反复学习，要求根据学生发展阶段的特点充实他们的观察、实验、论述等方面的知识和技能的灵活应用，培养思考力、判断力和表现力等。日本的小学阶段共六学年，各学年目标由 5 个项目组成，分别为目标、内容、算术活动、术语符号、内容的安排。

该标准在第三学年的相关具体要求为：重视学习过程，通过观察物体的形状、构造等活动，注意图形构造的要素并理解图形。了解圆、球及其中心、半径、直径。

该标准在第五学年的相关具体要求为：通过观察图形和构造图形等活动，加深对平面图形的理解。了解多边形和正多边形，洞悉图形的性质，并用其观察和构造图形，理解圆周率。

这一学年对图形有了新的要求——洞悉性质，比观察的要求更有深度，需要观察与思考结合，并在此基础上得出结论并理解。

该标准在第六学年的相关具体要求为：根据图形面积的计算方法，会求图形的面积，考虑求圆的面积的方法。该标准还特别指出，因为小学阶段没有学习无理数，为了解决圆的相关计算，暂取圆周率为 3.14。

不难发现，日本的小学阶段分别在第三学年、第五学年和第六学年三次教学圆的相关知识。从低年级初步感知到性质理解，经历了观察物体形状来构造圆形要素——洞悉圆形性质，理解圆周率——考虑求圆面积方法的过程。数学活动是日本小学数学教学的重要部分，在对圆进行观察、操作和实验的过程中理解圆的概念，探索圆的周长和面积计算公式，重视学习过程和体验性理解。

2.2.6　韩国的教学要求

韩国 2006 年 8 月正式公布了其数学课程标准的修订背景和具体内容标准。韩国小学数学课程内容由"数与运算"、"图形"、"测量"、"概率与统计"、"规律性与问题解决"5 个领域组成。

3 年级相关内容标准为：知道圆的构成要素，知道圆的中心、半径、直径，理解它们之间的关系，利用圆规画各种图案。

6 年级相关内容标准为：通过测量圆的直径与圆周理解圆周率，通过具体操作活动，用不同的方法求出圆的面积。

韩国数学课程标准在教和学的方法上，以学生的具体经验为基础，通过对圆的观察，数学化地解释、组织具体操作和探究活动，经历抽象化的过程，自主地发现圆面积概念和公式。

2.3　国内外课程标准（教学大纲）比较的启示

纵观我国 20 世纪 100 年中的 20 余个课程标准（教学大纲）、21 世纪初制定的实验稿课标与 2011 版课标以及部分国外课程标准关于圆的面积的教学要求，可以概括出一些启示。

2.3.1　如何理解国内课标（大纲）中内容编排的变化？

分析 20 余个国内不同时期的数学课程标准（教学大纲），可以用"从无到有—从有到无—再从无到有"来概括圆的面积内容编排的变化情况。

首先，我国直到 1923 年在《新学制课程标准纲要·小学算术课程纲要》中才首次要求在小学学习有关圆的知识，并在第六学年学习"求圆积"等知识。这充分表明"圆"这一曲边图形，无论是图形的认识还是图形的度量远比长方形、正方形等其他直边平面图形要难。同时，圆又是生活中十分常见的图形，在人们的生产生活中起到很重要的作用。从此，随着时代的发展、观念的更新，我国的课程标准开始不断完善圆的面积相关内容的教学。

但是，从 1948 年到 1953 年颁布的三个课标（大纲）中，又把圆面积的相关内容删去，不再要求小学数学教学圆的知识。1956 年颁布的大纲也只要求在一年级直观地认识圆。一直到 1963 年颁布的大纲又一次提出在六年级用 8 课时的时间，学习圆的特征、画法、周长与面积。

根据历年标准对圆的面积教学内容"从无到有—从有到无—再从无到有"的变化，说明人们对于这一知识是否在小学进行教学，在认识上是有反复的。我们在对美、英、德等国的数学课程标准关于这部分知识教学的年段和要求进行分析时，同样也印证了圆的面积在小学数学几何教学中的特殊地位。因为，它是平面图形的认识和测量探索历程中，由"直"变"曲"的关键点，也是数学思想从"有限"进入"无限"的一次飞跃。所以，圆的面积既是小学几何教学中的难点，又是几何教学中不可或缺的重要内容。圆的面积的教学研究需要我们不懈地努力和不断地探索。

2.3.2　如何理解国内课标（大纲）中教学要求的变化？

通过分析 20 余个不同时期的数学课程标准（教学大纲），可知课标（大纲）对圆的面积的教学要求从"掌握圆的面积计算公式，能够正确地进行计算"转变为"探索并掌握圆的面积公式"，表明新课改背景下的面积教学，突破了"欧氏几何"加"求积中心"的内容结构模式，把空间观念作为数学学习的核心概念之一，重视数学思想方法的渗透。课标（大纲）对圆的面积教学要求的变化可以概括为"从重视求积计算转变为重视探索公式推导"。

课标（大纲）的这种变化，也同时反映在教材的编写与教学的实施过程中。在"教材比较研究"与"教学设计比较研究"章节中，我们会具体分析我国现行课标教材对圆的面积内容编写的特点，赏析数学教学杂志公开发表的探究圆的面积计算公式的精彩片段。

2.3.3　国外课程标准中的教学要求有哪些特点？

对美、英、德、日等国的课程标准中关于圆的知识的教学要求进行比较，可以归纳出以下几个共同的特点。

第一，分三个年段渐进式学习圆的相关知识。

6个国家的课程标准基本都在一、二年级直观地认识圆，经历了观察和描述物体形状来构造圆形要素，并能够在一些平面图形中判断圆形。在三、四年级进一步学习圆的特征，通过测量洞悉圆的性质，开始使用圆心、半径和直径的概念。在高年级阶段教学圆的周长与面积；其中日本和韩国基本安排在五、六年级，美国、英国、德国、芬兰等国基本安排在七、八年级进行教学。6个国家通常借助具体操作，理解圆周率，掌握圆周长和圆面积计算方法。

第二，强调学习体验，重视度量经验。

6个国家的课程标准都十分强调"几何基础经验"的积累，要求学生"通过图形、图案的拼合、折叠、剪切"来认识、描述和度量基本图形。在几何度量教学中设计了动手实践和探索的开放性作业，不仅重视解决问题的结果，同时也重视解决问题的方法和过程。

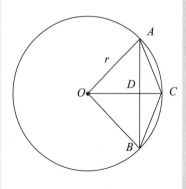

3

教材比较研究

"圆面积"是小学数学几何教学中的重要内容，这一内容历来受到广大教师和教材编者的重视。我们共收集整理了我国 1974—2000 年出版的十四套教材、2001 年实验稿课标颁布后的国内六个版本教材，以及香港、澳门、台湾三地教材，对"圆的面积"一课的编写结构、教学目标、素材选用、呈现方式、操作活动以及练习设计等进行纵向与横向的比较研究，试图寻求各套教材之间的共性与个性，发现一些规律性的经验或结论，为你理解教材、展开有效的教学提供参考。

3.1　同种教材不同时期编写情况的纵向比较

纵向比较，主要是从历史的视角、运用比较的方法研究分析不同时期的同种教材。这一方面，可以对传统与现代的教材中"圆的面积"的编写有更全面与深入的把握；另一方面，可以窥斑见豹，通过比较不同时期同种教材的编写特点，比较各个时期小学数学教材中"圆的面积"这一内容编写的异同，了解小学数学教学三十余年的历史，取长补短，促进发展。

3.1.1　人教版教材不同时期的编写情况

我们收集了人民教育出版社于 1980 年、1990 年和 2006 年出版的三种小学数学教材进行纵向比较。其中，1980 年和 1990 年出版的是五年制教材，2006 年出版的是六年制教材。不同时期的教材中"圆的面积"的编写不但有各自的特点，而且存在着一些共同的因素。研究三十多年来该内容的教材编写轨迹，寻求不同时代背景下教材的特点，是很有意义的事。

> 思 考
>
> 如果要纵向比较不同时期同种教材，你会选择哪些角度呢？

⊕ **教材结构是怎样的？**

不同时期"圆的面积"的教学目标有所不同，因此教材在编写时往往呈现不同的顺序，比较教材结构可以体现不同的学习序列。

1980 年教材的结构：①问怎样计算圆的面积；②在硬纸上画圆，把圆分成若干等份，剪下来后照样子拼起来；③拼成的图形近似长方形，长相当于圆周长的一半，宽相当于圆的半径；④出示一个拼割后的长方形，根据长方形面积计算公式得出圆面积计算公式；⑤两道例题，已知半径或直径计算圆面积；⑥计算圆环的面积。

1990 年教材的结构：①给出圆面积的定义；②问能不能把圆转化成学过的图形计算面积；③在硬纸上画圆，把圆分成若干等份，用近似等腰三角形的纸片拼一拼，看能拼成什么图形；④图示，先拼成平行四边形，如果分的份数越多，拼成的图形就越近似长方形；⑤问长方形的长和宽与圆的周长半径有什么关系；⑥两道例题，已知半径和周长计算圆面积；⑦练习题。

2006 年教材的结构：①设置情境，问圆形草坪的占地面积怎样计算；②问能不能把圆转化成学过的图形计算面积；③做实验，在硬纸上画圆，把圆分成若干等份，用近似等腰三角形的纸片拼一拼，看能发现什么；④图示，如果分的份数越多，拼成的图形就越近似长方形；⑤问长方形的长和宽与圆的周长、半径有什么关系；⑥探究圆面积计算公式；⑦例题，已知直径求圆面积；⑧例题，用两种方法计算圆环面积；⑨练习题。

⊕ **教材的引入部分是怎样编写的？**

1980 年教材开门见山，直接抛出学习主题，提出问题："怎样计算圆的面积？"

1990 年教材先给出了"圆的面积"的定义，然后引导学生思考：能不能把圆转化成学过的图形计算面积？

2006 年教材出示了生活情境图，在解决圆形草坪的占地面积时揭示了学习内容，并引导学生思考：能不能把圆转化成学过的图形计算面积？

比较以上三种引入过程，可发现这三个时期的教材都采用了提出问题的形式揭示学习内容，这是共同的特点。此外，三种教材还有各自的特点：如 1990 年教材给出了"圆所占平面的大小叫做圆面积"的定义；再如 1990 年和 2006 年的教材同时提出了"把圆转化成学过的图形计算面积"的解题思路，从数学知识内在关系引导思考，强调数学知识体系的观念和转化思想的渗透，为探究圆面积的计算奠定了方法基础。

此外，2006 年教材重视从现实生活情境引入，重视学生对圆面积的直观感知，从问题解决的角度激发学生的学习兴趣。问题解决是当代数学教育的重要形式。2011 版课标提出，要重视学生问题意识的培养，以及解决问题的综合能力的培养，强调学生在具体的情境中发现问题、提出问题，提高分析问题和解决问题的能力。其中，发现问题和提出问题是学生数学问题意识的具体表现。

⊕ 圆面积计算公式的推导是怎样编写的？

1980 年教材要求学生在硬纸上画圆，把圆分成若干等份，剪下来后照样子拼起来；然后直接告知学生——拼成的图形近似于长方形，长相当于圆周长的一半，宽相当于圆的半径；出示一个拼割后的长方形，根据长方形面积的计算公式得出圆面积的计算公式。（如图 3 - 1）

1990 年教材让学生在硬纸上画圆，把圆分成若干等份，用近似等腰三角形的纸片拼一拼，看能拼成什么图形，引导学生思考"长方形的长和宽与圆的周长和半径有什么关系"，从而得出圆面积的计算公式。（如图 3 - 2）

在硬纸上画一个圆，把圆分成若干等份（如下图），然后把它剪开，照下图的样子拼起来。
拼成的图形，近似于长方形，如果把圆等分的份数越多，拼成的图形越接近于长方形。

这个长方形的长相当于圆周长的一半，即 $\frac{C}{2} = \frac{2\pi r}{2}$ $= \pi r$；长方形的宽就是圆的半径 r。

因为　长方形面积 = 长 × 宽
所以　圆的面积 = $\pi r \times r$
　　　　　　　= πr^2

用 S 表示圆的面积，那么圆的面积公式就是：

$$S = \pi r^2$$

图 3 - 1

在硬纸上画一个圆，把圆分成若干等份，剪开后，用这些近似等腰三角形的小纸片拼一拼，看能拼成什么图形。

这些小纸片可以拼成一个近似的平行四边形。

如果分的份数越多，每一份就会越细，拼成的图形就会越接近于长方形。

这个长方形的长和宽与圆的周长和半径有什么关系？
如果圆的半径为 r，这个长方形的长和宽各是多少？
因为　长方形面积 = 长 × 宽
所以　圆的面积 = $\pi r \times r = \pi r^2$

用 S 表示圆的面积，那么圆的面积计算公式就是：

$$S = \pi r^2$$

图 3 - 2

2006 年教材安排了一个实验：在硬纸上画圆，把圆分成若干等份，用近似等腰三角形的纸片拼一拼，并利用计算机演示，如果分的份数越多，所拼图形就越近似于长方形；引导学生观察长方形的长和宽与圆的周长、半径有什么关系，探究圆面积的计算公式。（如图 3 - 3）

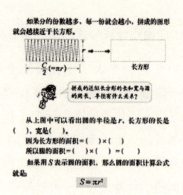

图 3－3

┌─ 思 考 ──┐
│   │
│ 比较以上三种教材，圆面积计算公式的推导部分各有什么特点？ │
│   │
└──┘

比较三种教材中圆面积计算公式的推导情况，可以看到它们有以下共同点与不同点。

其中，共同点为：

①三种教材都重视了将圆分成若干等份后拼成长方形的发生过程，重视了学生的活动。1980 年教材要求学生"照下图的样子"拼长方形；1990 年教材把圆等分后分别拼成平行四边形和长方形；2006 年教材借助计算机实验，研究圆等分（偶数份）后可以拼成哪些不同的图形，以及相关发现。这样的活动设计都为学生理解圆面积计算方法奠定了良好的基础。

②三种教材都是将曲边图形转化成直边图形推导圆面积计算公式，从数学内部沟通了直边图形和曲边图形之间的关系，渗透了化曲为直和极限的思想，体现了数学知识体系的观念。

不过，三种教材在阐述面积计算公式推导过程与教材语言的表达形式上有着十分明显的差异：

1980 年教材安排的研究活动最少，只提供了一种拼摆方法，而且所有的研究与结论都是编者用陈述的方式直接叙述。

1990 年教材安排的活动相对比较丰富：一共安排了两次拼摆，分别将等分后的圆拼成近似的平行四边形和长方形。此外，教材多处出现了疑问句式，引导学生思考："你能看到什么图形？""长方形的长和宽与圆的周长和半径有什么关系？"……这是教材编写历史上的一次大变化：从直接告诉知识转向引导学生自己思考和发现知识。

从学生认识发生、发展的规律来看，1980 年教材提供的单一的学习方式已经不能完全适应学生发展的需求。数学学习应该为学生提供多样化的活动方式，让学生积极参与，并在丰富的活动中进行交流，积累数学活动经验。从数学发展看，它本身也是充满观察与猜想的活动。但传统的教材往往把这一生动的活动过程"压缩"成了只见逻辑的形式结构，不利于学生经历数学化的过程。大家知道，学生学习数学的目的不仅仅是获得知识与技能，更重要的是获得自己去探索数学的体验和解决实际问题的能力，1990 年教材的编排方式和语言表达形式正是很好地体现了这一点。同时，这样的编写对教师提出了更高的要求——要求教师合理设计教学环节，动态把握教学过程，引导学生探索与发现，让他们在活动中积累基本经验，发展知识与能力。

2006 年教材与1990 年教材大致相同，安排了丰富的操作活动，用疑问句式引导学生思考相关问题。不同的是，教材引进了计算机辅助教学，引导学生开展实验研究。2011 版课标指出："把现代信息技术作为学生学习数学和解决问题的有力工具，有效地改进教与学的方式。"同时，我们认为使用计算机辅助教学有利于渗透"边数越分越细"的无限递增过程，渗透极限思想。因此，这一时期的教学要善于运用信息技术，通过观察、实验、探究、猜想、推理、交流等多种方式开展数学活动，创造性地解决问题。

⊕ **安排了哪些类型的练习题？**

练习题是小学数学教材中重要的组成部分，对它的设计与编排体现了教材编者对于知识训练的要求，它的难度可以反映编者对"圆的面积"教学的要求。同时，练习题编排得好不好，还直接影响到学生学习质量的高低。为了便于比较，把三种教材的练习题分成两类：同类题，即三种教材都出现的题；不同类题，即分别出现在三种教材的练习题。

（1）三种教材中的同类题型

三种教材中的同类题型包括以下几种：

①给出大小不等的圆形图，标上半径，求圆面积；

②给出半径、直径和周长，求圆面积；

③给出含有圆的简单组合图形，求阴影部分的面积；

④运用圆面积计算方法解决生活中的实际问题，如自动喷灌装置的喷灌面积、运动场的面积和周长等。

以上四种同类题型，无论是呈现方式还是文字叙述，基本一致。这些练习题的编排层次分明，包含了基本图形求积（直接应用公式）—文字信息求积（正、逆向间接应用公式）—组合图形求积—应用圆面积计算公式解决实际问题的各个层次。

此外，我们还发现 1990 年与 2006 年的教材有一个练习题的编排十分类似。比较这两个题目，可以看出不同时代的教学要求与教学观念。

1990 年教材（选做题，文字叙述）：

一根绳子长 31.4 米。用它围成的正方形面积大，还是围成的圆面积大？计算一下，比比看。

2006 年教材（第 8 题，选做题，文字叙述，配对话图提示［如图 3 - 4］）：

图 3 - 4

> **思考**
>
> 你觉得上面两题的编写方式有何相同点和不同点？你会选用哪一种？为什么？

两题的文字表述基本相同，涉及的知识点也一样，试图通过用同一根绳子围图形，来初步感知周长一定的情况下，哪一种平面图形的面积最大。但不同的是呈现方式，比较后发现：1990 年的教材指令明确，给出了具体的操作方法——分别围成正方形和圆形，然后通过计算得出结论。这样的表述定向性强，有利于在不同条件下重复思维操作，在封闭条件下研究周长一定的情况下圆面积与正方形面积的大小关系，从而巩固并加深对知识的理解。相反，在2006年的教材中，呈现方式富有开放性，题目中的文字对于要探索结论的暗示性较小。此练习主要意图是讨论"当周长一定时，围成什么图形的面积最大？"可以假设用这根绳子围成三角形、正方形、长方形、平行四边形、梯形、圆，通过分别计算围成的不同图形，引导学生发现本题蕴含着的一个数学规律：在周长相等的情况下，圆的面积最大，三角形的面积最小；反之，在面积相等的情况下，圆的周长最短，而三角形的周长最长。

"怎样围面积最大？"这样答案不固定或者条件不完备的练习题，我们称为开放题。开放题因为题目暗示性小，所以解决问题的难度就会增大，留给学生的思维空间也就更大。学生可以在不同的经验和能力水平的基础上，通过自己的观察，提出自己的解题思路，获得多种不同的解题方法。因此，两种教材的差异从某种意义上反映了两个时代教材编者的观念。

此外，我们还发现2006年教材在处理这个问题时，采用了小组讨论的形式，通过小伙伴之间的对话，给出了教学法与解决问题方法的提示。这样的编写，重视引导学生综合应用知识解决数学问题。这是一类以问题为载体、以学生自主参与为主的学习活动，在探索"周长一定的情况下，哪种平面图形的面积最大？"的问题时，经历发现问题、提出问题、分析问题和解决问题的全过程，引导学生独立思考、动手实践、语言交流，积累几何活动经验，培养他们的应用意识和创新意识。

（2）三种教材中的不同题型

1980年教材设置了专门的口算题（如图3-5）。

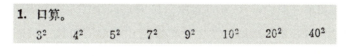

1. 口算。

3^2 4^2 5^2 7^2 9^2 10^2 20^2 40^2

图3-5

2006年教材中有填表题和关于圆的性质的实际应用题（如图3-6）。

9*. 在每个正方形中分别作一个最大的圆，并完成下表。

正方形的边长	1 cm	2 cm	3 cm	4 cm
正方形的面积				
圆的面积				
面积之比				

 你发现了什么？任意选一个正方形，在其中画一个最大的圆，也能得出相同的结论吗？

10*. 圆在生活中有哪些应用？为什么草原上的蒙古包是圆形的？为什么绝大多数植物的根和茎的横截面是圆形的？

图 3 - 6

思 考

比较以上两种教材中不同类型的练习题，你认为它们各自有何教学价值？2006 年教材中选做题的编写反映了怎样的教学理念？

从不同类型习题的比较，可见不同时代的教学要求与教学观念：

1980 年教材重视基本技能的训练，专门设计了平方数的单项计算题，通过练习降低计算难度。

2006 年教材第 9 题，通过表格计算、观察几个特殊的正方形和内切圆的面积之比，凸显了正方形与它内部最大的圆（内切圆）的面积关系，发现一些规律性的结论。即教材要求先计算当边长为 1 cm，2 cm，3 cm 和 4 cm 时，正方形和正方形内最大圆的面积，再通过两个图形的面积比引发学生猜想两者之间的关系，最后让学生任意设定正方形的边长，验证这一发现，得出一般性的规律。实际上，这也可以引导学生用抽象的方法加以证明——如果设正方形的边长是 $2a$，那么其内切圆的半径就是 a，正方形的面积是 $(2a)^2 = 4a^2$，圆的面积就是 πa^2，两者面积之比是 $\dfrac{4a^2}{\pi a^2} = \dfrac{4}{\pi}$。

2006 年教材第 10 题是圆面积性质在实际生活中的应用。通过第 8 题的研究，我们发现当周长一定时，所有图形中圆的面积最大，这个性质在实际生活中有着广泛的应用。例如，教材上提到的蒙古包做成圆形是因为可以最大化地利用居住面积，植物根茎的横截面是圆形的，也是因为可以最大化地吸收水分。

由此可见，2006年教材更重视数学知识的现实意义，更重视引导学生有意识地、积极地应用数学知识去分析和解释现实世界中的现象和问题，获得对现象本质的理解。

3.1.2 刘静和、张天孝主编的教材在不同时期的编写情况

后文将要研究的浙江教育出版社出版的数学课标实验教材的前身是《现代小学数学》，这套教材自1984年开始在全国范围内使用，至今已经快三十年了。在这期间，教材名称从最初的《现代小学数学》演变到现在的九年义务教育小学实验教科书《数学》；出版单位由科学出版社到浙江教育出版社；教材内容和要求也经历了多次修改，不断变化与完善。比较这套教材不同时期"圆的面积"的编写特点，可以从一个侧面了解刘静和、张天孝主编及其团队的教学理念的变化过程，为更好地编写与使用教材起到积极的作用。

> **思考**
>
> 纵向比较同一团队编写的不同时期的教材，你会选择哪些角度呢？

⊕ **编写背景有何差异？**

这里选取的教材分别是1992年科学出版社出版的五年制教材《现代小学数学》实验课本，2003年科学出版社出版的六年制教材《现代小学数学》，2008年浙江教育出版社出版的六年制教材《数学》（以下简称"浙教版教材"）。这三种教材是在三个课标或大纲的背景下编写的，具体如下。

1992年的《现代小学数学》教材是依据1986年国家颁布的《全日制小学数学教学大纲》进行编写的。这份大纲在五年制五年级的教学内容中明确规定：掌握圆和扇形的特征，能够画圆，会计算圆的周长，掌握圆和扇形的面积计算公式。因此，教材在编写这一教学内容时，直接定位于"圆和扇形的面积"，并在圆面积计算方法的推导过程中，多次用到小扇形的概念。这样的编写符合当时的教学大纲规定。

2003 年的《现代小学数学》教材是依据 2000 年国家颁布的《九年义务教育全日制小学数学教学大纲（试用修订版）》编写的。大纲在六年制六年级的教学内容中明确规定：学习圆的认识、圆周率、画圆、圆的周长和面积、扇形的认识（选学）。2003 年教材则单独编写圆面积教学内容，不再出现扇形面积的内容。

2008 年的《数学》教材是依据 2001 年国家颁布的《全日制义务教育数学课程标准（实验稿)》编写的。课标规定了圆的相关知识要在第二学段进行学习，要求学生通过观察、操作、推理等手段探索并掌握圆的周长和面积公式。

⊕ **教材结构是怎样的？**

虽然三种教材都是刘静和、张天孝老师领衔执笔编写的，但因处在不同的时期，却有着不同的内部结构和呈现方式。

1992 年教材结构：①操作——正方形纸对角对折，剪开后就是近似圆形纸片，圆面积可以看成由 n 个小等腰三角形的面积和；②根据等腰三角形面积推导圆面积计算方法，得出公式；③讨论——如果把小扇形拼成平行四边形，如何推导面积公式；④练习——把圆分成相等的 16 个扇形，分别拼成平行四边形、三角形、梯形等推导圆面积计算公式。

2003 年教材结构：①猜一猜，圆面积与小正方形有什么关系；②活动——正方形纸对角对折，剪开后就是近似圆形纸片，圆面积可以看成 n 个小等腰三角形的面积和；③根据等腰三角形面积推导圆面积计算方法；④把圆 16 等分后，拼成平行四边形推导面积，得出计算公式；⑤练习 1，把近似等腰三角形分别拼成三角形、梯形等来推导圆面积计算公式。练习 2，已知半径、直径或周长，求圆面积，无配图，共 6 小题。

2008 年教材结构：①展示情境并提出数学问题——羊能吃到草地的面积有多大？②估计与猜测，圆面积与小正方形有什么关系？③活动——正方形纸对角对折，剪开后就是近似圆形的纸片，圆面积可以看成 n 个小等腰三角形的面积和。④把一个半径为 r、周长为 C 的圆平均分成 16 份、32 份、64 份……⑤把圆 16 等分后，分别拼成平行四边形、长方形、梯形、三角形推导面积，也可不剪开先求 1 份再求圆面积，得出计算公式。⑥练习，已知半径和直径，求圆面积，配有直观图，共 2 小题。

⊕ 教材的引入部分是怎样编写的?

1992 年教材的引入部分如图 3 –7。

一张正方形纸,对角折数次,剪一刀后,展开来就是一个近似于圆形的纸片。折痕中间的一点是圆心。

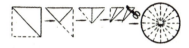

随着折的次数不断增加,所剪下的图形的面积也就越接近圆的面积。这个圆的面积,可以看成是由这些 n 个小等腰三角形面积的和。

图 3 –7

2003 年教材的引入部分如图 3 –8。

圆的面积

猜一猜,右图中圆面积与"小正方形的面积"有什么关系?

半径
圆心

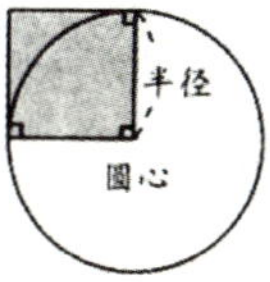

半径

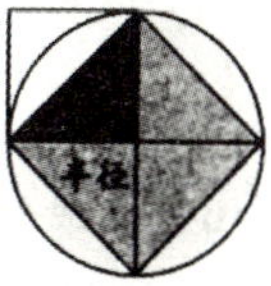

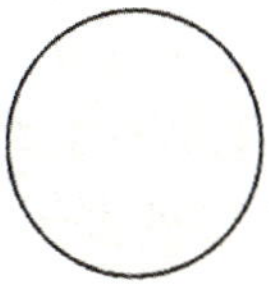

半径

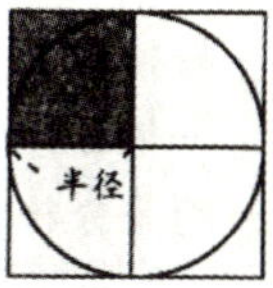

小正方形面积的2倍
半径×半径×2

<圆面积<

小正方形面积的4倍
半径×半径×4

图 3 –8

2008 年教材的引入部分如图 3 –9。

1. 羊能吃到的草地面积有多大？
2. 圆面积的大小与什么有关系？
3. 圆面积的计算公式是怎样的？

图 3 – 9

思 考

你觉得三种教材引入部分的编写有什么相同点和不同点？你会选择哪
种方式引入？为什么？

　　比较以上三个不同时期的教材对圆面积引入过程的编写，归纳出它们
的共同点是：

　　①遵循学生的认知规律。1992 年教材运用实物教具和学具，引导学生
通过动手操作，初步感知圆面积与 n 个等腰小三角形之间的关系。2003 年
教材虽然没有直接从动手操作引入教学，但通过直观图演示与观察圆面积
和小正方形面积的大小关系，进行可视化操作，引发学生思考圆的面积与
什么有关，以及圆面积的取值范围。2008 年教材则创设了学生熟悉的现实
情境，动态演示圆面积的形成过程和区域大小，引导学生提出数学问题，
开展数学活动。这些活动与操作都是基于学生已有的经验，设计了动作感
知、形象思维等阶段，遵循了学生的认知发展规律，对于唤起他们对圆面
积计算方法的探究欲望起到积极的作用。

　　②重视知识的内在联系。三个不同时期的教材都十分重视从已有知识
中学习和理解新的知识，用"联系"的观点分别把"圆面积与等分后每个
小等腰三角形面积"、"圆面积与小正方形的面积"、"圆面积与半径的关系"

贯穿教学的全过程，把握数学知识的内在联系，有效促进学生把数学知识结构内化为自己的认知结构，提高对数学的整体性认知。

当然，三种教材也体现出了不同的个性特点：

①1992 年教材让学生按要求折纸剪圆。这样的数学活动指令性强，思考方向单一，学生容易操作亦便于观察。但由于这样的操作过于程式化，学生缺乏独立思考的时间和空间，很有可能会影响学生学习的欲望，使学生失去主动探究的机会。

②2003 年教材创设了"猜一猜，右图中圆面积与小正方形面积有什么关系"的数学情境。这是教材第一次通过"猜一猜"的方式，引发学生对圆面积与什么有关的数学猜想——数学猜想是数学发展中最活跃、最主动、最积极的因素之一，它是以数学事实为依据，以数学知识和经验为基础，通过观察、想象、类比、归纳、构造等活动过程，获得丰富的数学知识。如图 3-10，学生以小正方形的面积等于半径×半径为依据，以自身的知识经验为基础，通过观察、想象、类比、归纳，得出"圆内接正方形的面积是小正方形面积的 2 倍，圆外切正方形的面积是小正方形面积的 4 倍"的结论，从而得出"半径×半径×2＜圆面积＜半径×半径×4"的数学猜想。学生经历这样的提出问题、思考方法、寻求解决途径的数学猜想过程，对其创造性思维的发展具有特殊价值。

小正方形面积的2倍　　　　　　　　小正方形面积的4倍
半径×半径×2　　＜圆面积＜　　半径×半径×4

图 3-10

③2008 年教材创设了"羊吃草"的现实情境。面对这样一个熟悉的生活情境，并不需要学生马上解决问题、求得结果，而是希望他们能根据生活经验和已有的知识，从数学的角度，动态地想象羊吃草的范围就是圆的面积，绳子的长度就是圆的半径，从而获得"绳子的长短即圆半径的大小决定了圆

面积的大小"的猜想。在实际情境下进行学习，可以使学生利用原有知识和经验同化当前要学习的新知识。这样做，不仅可以使学生易于掌握数学知识和技能，而且可以更好地体验教学内容中的情感，使原来枯燥、抽象的数学知识变得生动形象、充满吸引力。这样有利于学生良好数学观的形成，让他们能够感受到数学就在身边，数学在生活中有广泛的应用。

⊕ **圆面积计算公式的推导是怎样编写的？**

推导圆面积的计算公式既是重点也是难点。张天孝领衔编写的三种不同时期的教材都在这一环节重点展开，试图通过动手操作、直观演示、抽象概括等活动，引导学生理解和掌握圆面积的计算公式。

1992 年教材：根据学生将正方形纸对角折叠后剪出的圆，运用等腰三角形的面积推导圆面积计算公式。（如图 3 – 11）

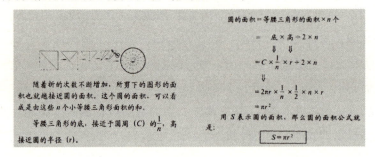

图 3 – 11

2003 年教材：在保留了由等腰三角形推导圆面积计算公式的同时，增加了由平行四边形推导公式的内容。（如图 3 – 12）

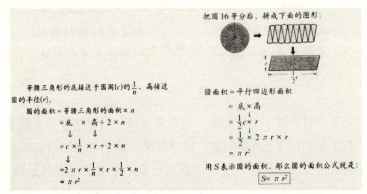

图 3 – 12

2008 年教材：提供了五种不同的转化思路，丰富了圆面积计算公式的推导过程。（如图 3 – 13）

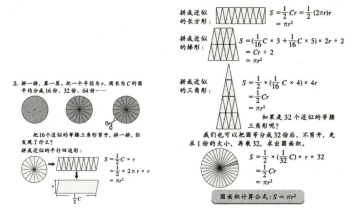

图 3 – 13

思考

以上三种教材的圆面积计算公式推导部分的编写有什么相同点和不同点？你认为教材出现几种推导方法为宜？为什么？

（1）共同点

比较三种教材对圆面积计算公式的推导情况，共同特点有：

①充分体现了化归思想。

三种教材都设计了将圆分成若干等份后拼成已经学过、会计算面积的基本图形来推导圆面积的过程，充分体现了化归思想。所谓化归思想，就是在研究和解决有关数学问题时采用某种手段将问题通过变换使之转化，进而解决的一种方法。一般总是将复杂问题转化为简单问题，将难解的问题转化为容易求解的问题，将未解决的问题转化为已解决的问题。比如，1992 年教材将圆面积化归成 n 个等腰三角形面积的总和；2003 年教材增加了将圆化归成平行四边形的内容；2008 年教材更是提供了五种不同的化归方法，极大地丰富了圆面积计算公式的推导过程。三种教材都较好地利用了运动变化的观点，依据这些平面图形之间的相互联系，通过转化使问题得以解决。因此，化归法不仅是一种重要的解题思想，也是一种基本的思维策略，更是一种有效的数学思维方式。

②渗透了化曲为直和极限的思想。

1992年和2003年的教材在编写这部分内容时，采用了相同的方法——都是通过将正方形纸对角折叠、然后剪一刀得到圆形的。像这样，把直边图形转化成曲边图形，虽然转化的方向与人教版教材的编写有所不同，但它们也是从数学内部沟通了直边图形和曲边图形之间的关系，体现了数学知识体系的观念。2008年教材同样传承了这样的思想方法。为了更好地让学生感受到无限逼近和极限的思想，教材增加了体验活动——拼一拼，算一算。即把一个半径为 r，周长为 C 的圆平均分长16份、32份、64份……通过恰当的直观性手段，引导学生观察、比较，充分体验到随着等分次数的增加，所拼成的图形越来越接近直边图形，为推导圆面积计算公式奠定必要的基础。

③重视公式的归纳过程。

与其他学科一样，数学研究是建立在观察与实验的基础上的，或者说，是建立在数学实践的基础上的。经过之前一系列的转化、类比之后，观察和实验能为我们发现圆面积计算公式的推导提供可能。但是要把这种可能转变为现实，就需要有正确的思想方法，而归纳法就是指经过特例的分析引出普遍的结论。因此，三种不同时期的教材也都十分重视圆面积计算公式的归纳过程。1992年教材，通过对等腰三角形底与圆周长的 $\frac{1}{n}$、高与圆半径之间关系的比较，充分展示了圆面积计算公式的归纳过程；2003年和2008年的教材，更是提供了转化成平行四边形、长方形、梯形、三角形进行面积推导的多种途径，让学生经历各种特例的归纳过程，加强了圆面积计算公式的稳定性和正确性。可见，归纳法在数学发现中具有重要的作用——正如德国数学家高斯曾经说过，他的许多定理都是靠归纳发现的。

（2）不同点

三种教材也体现出了不同的个性特点：

① 1992年教材只选择了一种方法进行圆面积计算公式的推导，学生习惯把它视为事实性的结论。这样的编排是静态的、客观的，也是由内涵确定的。这样的事实性结论是"双基"的主体，是教学内容的重点，当然也是教学的难点所在，会比较易于学生掌握面积公式。但这同时也带来了另一方面的问题，即过程展示不够充分，研究方法和思路相对单一。更可能

有老师会在上课时，让教学内容尽快进入运用结论去解题的操练过程。

②2003 年教材提供了两种不同的思路引导学生进行研究：一种保留了从圆外切正方形引入，通过 n 个等腰三角形推导公式；另一种是将圆 16 等分后拼成平行四边形推导面积公式。显然，它在研究方法的呈现上比前一种教材丰富一些。

③2008 年教材呈现了五种不同的转化策略，极大地丰富了学生探究圆面积计算公式的内涵。教材采用上下排列的方式，依次出现平行四边形、长方形、梯形、大等腰三角形和不剪开的小等腰三角形的转化过程。每种策略都配有直观图示和公式归纳的过程，让学生在观察操作的过程中体会到方法策略的多样化，有利于对比各种方法之间的共性和特性，从而得到一般性的结论。这样的编排，让学生在获得知识的同时感悟到知识产生的过程，积累一定的数学活动经验。

⊕ **安排了哪些类型的练习题？**

为了便于比较，我们把三种教材的练习题分成两类：同类题，即三种教材都出现的练习题；不同类题，即不是三种教材中都出现的练习题（即一种或两种教材中出现的练习题）。

（1）三种教材中的同类题

三种教材中的同类题型包括以下三种。

①已知半径、直径或周长，求圆面积；

②给出含有圆的简单组合图形，求阴影部分的面积；

③运用圆面积计算方法解决生活中的实际问题，如自动旋转洒水器的射程和洒水面积、圆形雷达屏幕等。

以上三种同类题型，无论是呈现方式还是文字叙述，都基本一致。同人教版三种教材一样，这些练习题的编排层次分明，包含了基本图形求积（直接应用公式）—文字信息求积（正、逆向间接应用公式）—组合图形求积—应用圆面积计算公式解决实际问题的各个层次。

（2）并非每种教材都有的题型

1992 年与 2003 年的教材中有一个练习题的编排十分类似——都在练习部分设计了操作活动，试图让学生自己尝试推导圆面积计算公式，这将有利于学生进一步理解并掌握面积公式。

　　1992 年教材出现了先猜一猜，再计算验证的题。（如图 3 – 14）解决这个问题，有利于：一是进一步明确圆面积与半径之间的关系；二是感知圆面积的取值范围，对圆周率的值有一定的了解；三是通过猜想和验证，积累数学活动经验，了解正方形与圆的关系。

> 如图，先猜一猜圆面积与小正方形面积的 3
> 倍，谁大谁小？
>
> 圆面积与小正方形面积的 4 倍，谁
> 大谁小？再算一算这三个面积的大
> 小，并把它们从小到大排列起来。

图 3 – 14

　　2008 年教材中出现了要应用圆的半径与面积的比例关系才能解决的练习题。（如图 3 – 15）

> 10. 右图中，$AB = BC = CD = 2$ 厘米。
>   (1) 以 AB 为直径的圆面积，是以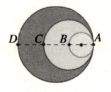
> AD 为直径的圆面积的几分
>   之几？
>   (2) 你还能提出哪些数学问题？

图 3 – 15

　　解决以上问题有两种思路：一是通过圆面积求解，直径为 AB 的圆面积 $= \left(\dfrac{2}{2}\right)^2 \pi$，直径为 AD 的圆面积 $= \left(\dfrac{6}{2}\right)^2 \pi$，得到以 AB 为直径的圆面积与以 AD 为直径的圆面积的比 $\left(\dfrac{2}{2}\right)^2 \pi : \left(\dfrac{6}{2}\right)^2 \pi = \dfrac{1}{9}$；二是通过直径比和面积比求解，两个圆的直径比是 $2:6 = 1:3$，圆面积比是 $1^2 : 3^2 = 1:9$，即以 AB 为直径的圆面积是以 AD 为直径的圆面积的 $\dfrac{1}{9}$。解决这样的问题对于学生进一步掌握圆各部分之间的比例关系，熟练圆面积的计算方法都将十分有利。

3.2 同一时期不同教材编写情况的横向比较

这里的横向的比较研究，是对同一个历史时期、不同版本的教材对"圆的面积"编写情况进行研究，从中我们可以看到不同出版社、不同编者对这一内容编写的特点。

3.2.1 教学大纲指导下各版本教材的编写情况

我们查阅并分析了我国 2000 年以前教学大纲颁布期间出版的以下十四套教材（见表 3 - 1）中关于圆的面积内容的编写情况。结果发现，这一时期各套教材对这部分内容的编写有相对固定的模式。

表 3 - 1　教学大纲背景下的教材概况

序号	教材全称及册数	出版社	主　编	出版年	教材简称
1	广东省小学数学试用课本《算术》第十册	广东人民出版社	广东省中小学教材编写组	1973	1973 年广东版
2	上海市小学课本《数学》第十一册	上海人民出版社	上海市中小学教材编写组	1974	1974 年上海版
3	安徽省小学试用课本《算术》第十册	安徽人民出版社	安徽省教育局中小学教材编写组	1974	1974 年安徽版
4	云南省小学试验教材《数学》第七册	云南人民出版社	云南省教育局教材编审室	1977	1977 年云南版
5	福建省小学试用课本《数学》第八册	福建人民出版社	福建省中小学教材编辑室	1978	1978 年福建版
6	浙江省小学试用课本《数学》第七册	浙江人民出版社	浙江教育学院	1978	1978 年浙江版
7	陕西省小学试用课本《数学》第九册	陕西人民出版社	陕西教育学院	1979	1979 年陕西版
8	全日制十年制学校小学课本《数学》第九册	人民教育出版社	中小学通用教材数学编写组	1980	1980 年人教版

续表

序号	教材全称及册数	出版社	主　编	出版年	教材简称
9	全日制六年制小学课本《数学》（北京、天津、上海、浙江试用）第十一册	北京出版社	北京、天津、上海、浙江小学数学教材联合编写组	1983	1983年北京版
10	全日制六年制小学课本《数学》第十一册	天津教育出版社	北京、天津、上海、浙江四省市小学数学教材联合编写组	1988	1988年天津版
11	小学实验课本《数学》第九册	人民教育出版社	课程教材研究所、小学数学教材研究实验组	1990	1990年人教版
12	《现代小学数学》实验课本第九册	科学出版社	刘静和、张天孝	1992	1992年科学版
13	九年义务教育六年制小学实验课本《现代小学数学》第十一册	科学出版社	张天孝	2003	2003年科学版
14	义务教育六年制小学课本《数学》第十一册	浙江教育出版社	浙江省教育委员会义务教育教材编委会	1999	1999年浙教版

思 考

横向比较同时期的不同种教材，你会选择哪些角度呢？

⊕ 引入部分是怎样编写的？

除1992年、2003年科学出版社的《现代小学数学》教材以外，其余十二套教材均采用直接提问题的方式引出要研究的内容——怎样计算圆的面积？其中，1974年上海版、1990年人教版和1999年浙教版教材还在此基础上，进一步提出了"是否可以将曲线图形转化成直线图形来计算？"、"能不能把一个圆转化成已经学过的图形来计算？"等问题，试图通过提问题、方法提示的模式引导学生研究圆面积的计算公式。

2003年科学版教材没有采用提问的方式，而是在引入部分编写了"猜一猜"的环节，通过观察圆面积与正方形面积之间的关系，从而得出圆面积的取值范围。（如图3－16）这样的呈现方式能引导学生的认知参与，对学生进行圆面积的有效探究奠定方法基础。

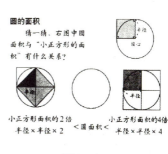

图3－16

◈ **圆面积的定义是否出现？怎样编写？**

十四套教材中，只有1990年人教版和1999年浙教版两套教材中出现了圆面积的定义："圆所占平面的大小叫做圆的面积。"（如图3－17）其余各套教材均未给出圆面积的定义。

2. 圆的面积
　　圆所占平面的大小叫做圆的面积。怎样计算圆的面积呢？能不能把一个圆转化成学过的图形来计算呢？

1990年人教版教材

4. 圆的面积
　　圆所占平面的大小叫做圆的面积。
　　想一想：怎样计算圆的面积呢？能不能也把它转化成我们熟悉的图形呢？

2003年科学版教材

图3－17

◈ **公式推导部分是怎样编写的？**

十四套教材无一例外地都应用了"分割—拼合"的方法进行圆面积计算公式的推导。其中，有八套教材只出现了一个16等分圆，而且所拼图形都是长方形，然后将拼后长方形的各部分与圆进行比较，推导出圆面积的计算公式。1992年和2003年的科学版教材，同样只出现一个16等分圆，但不同的是这两套教材将等分后的小扇形拼成等腰三角形来推导圆面积计算公式。

思 考

横向比较同时期教材，圆面积计算公式推导部分的编写有什么相同点和不同点？

1974 年上海版（如图 3 – 18）、1976 年浙江版、1977 年云南版和 1990 年人教版教材（如图 3 – 19），则出现了两个等分圆——分别为 16 等分和 48 等分、16 等分和 32 等分、16 等分和 24 等分，然后拼成长方形进行观察比较，推导圆面积计算公式。

此外，1974 年安徽版教材，在圆面积计算公式推导过程中出现了已知圆的周长和圆的直径求圆面积的近似公式。（如图 3 – 20）这一内容的编写是比较特殊的，在其他任何一套教材中均未出现过。

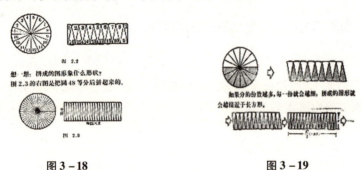

图 3 – 18　　　　　　　　　　　图 3 – 19

如果知道圆的周长，求圆面积的近似公式是：
圆的面积 ≈ 周长 × 周长 × 0.08
如果知道圆的直径，求圆面积的近似公式是：
圆的面积 ≈ 直径 × 直径 × 0.785

图 3 – 20

1974 年上海版（如图 3 – 21）和 1976 年浙江版教材，在圆面积计算公式推导过程中出现了相关的上位数学知识；并通过下定义、文字说明的方式，引导学生感知将圆面积转化成长方形面积的"化曲为直"的数学思想方法。

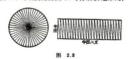

图 2.2

想一想：拼成的图形象什么形状？

图2.3的右图是把圆48等分后拼起来的.

图 2.3

将图2.2和图2.3进行比较，可以看出，如果把圆弧分得越来越细，那末由一段一段圆弧连成的曲线就越来越接近于直线，这时拼得的图形就越接近于长方形。

"在一定条件之下，矛盾的东西能够统一起来，又能够互相转化"。曲线和直线本来是矛盾的，但是当曲线被分成很多很多段时，曲线就向直线转化，我们就可以用直线段代替曲线进行度量和计算，这时圆的面积就可以看作长方形的面积。这个长方形的长是圆周长的一半，即 πr，宽是圆的半径 r，面积是 $\pi r \cdot r = \pi r^2$，所以求圆面积的公式是

$$S = \pi r^2.$$

图 3-21

特别需要指出的是，十四套教材在圆面积计算公式的推导过程中，重视学生动手操作、观察比较，都在教材中配有相应的直观演示图片，有利于学生对知识的理解。但我们也发现，后期教材往往比前期教材的研究素材更为丰富些，在圆面积计算公式推导过程上展开得更加充分些，而这些变化更有利于学生探究并掌握圆面积的计算公式。

⊕ **公式应用部分是怎样编写的？**

十四套教材得出圆面积计算公式后，在新课部分安排了一定量的练习，重视应用圆面积计算公式解决实际问题。基本题型是：①已知半径求圆面积；②已知直径求圆面积（个别教材是已知周长求圆面积）；③已知外圆半径和内圆半径求圆环面积（用分步计算的方法进行教学）。

> **思 考**
>
> 应采用怎样的方式比较公式应用部分的编写？这些练习设计可能有哪些层次？

十四套教材在"圆的面积"教学后都安排了专项练习课，试图通过一定量的训练，帮助学生掌握圆面积的计算公式。我们对这些教材的练习题进行了一些分析（见表3-2）。

表3－2　教学大纲背景下教材的练习题分析

序号	教材名称	总题数	各类型练习题的数量及其占总题数的百分比(%)							
			无现实情境				有现实情境			
			条件直接应用公式	条件间接应用公式	综合应用公式	合　计	条件直接应用公式	条件间接应用公式	综合应用公式	合　计
1	1973 年广东版	15	4, 26.7	4, 26.7	3, 20.0	11, 73.4	1, 6.7	2, 13.3	1, 6.7	4, 26.7
2	1974 年上海版	14	6, 42.9	4, 28.6	/	10, 71.5	/	/	4, 28.6	4, 28.6
3	1974 年安徽版	20	4, 20.0	6, 30.0	3, 15.0	13, 65.0	2, 10.0	3, 15.0	2, 10.0	7, 35.0
4	1977 年云南版	22	9, 40.9	9, 40.9	/	18, 81.8	1, 4.5	2, 9.1	1, 4.5	4, 18.1
5	1978 年福建版	16	3, 18.8	5, 31.3	1, 6.3	9, 56.4	1, 6.3	2, 12.5	4, 25.0	7, 43.8
6	1978 年浙江版	19	4, 21.1	7, 36.8	/	11, 57.9	5, 26.3	2, 10.5	1, 5.3	8, 42.1
7	1979 年陕西版	20	3, 15.0	6, 30.0	/	9, 45.0	2, 10.0	4, 20.0	5, 25.0	11, 55.0
8	1980 年人教版	19	4, 21.1	5, 26.3	2, 10.5	11, 57.9	2, 10.5	2, 10.5	4, 21.1	8, 42.1
9	1983 年北京版	22	4, 18.2	5, 22.7	3, 13.6	12, 54.5	1, 4.5	3, 13.6	6, 27.3	10, 45.4
10	1988 年天津版	27	5, 18.5	7, 25.9	6, 22.2	18, 66.6	1, 3.7	2, 7.4	6, 22.2	9, 33.3
11	1990 年人教版	24	5, 20.8	4, 16.7	2, 8.3	11, 45.8	3, 12.5	4, 16.7	6, 25.0	13, 54.2
12	1992 年科学版	14	2, 14.3	2, 14.3	3, 21.4	7, 50.0	1, 7.1	1, 7.1	5, 35.7	7, 49.9
13	2003 年科学版	15	2, 13.3	2, 13.3	3, 20.0	7, 46.6	2, 13.3	2, 13.3	4, 26.7	8, 53.3
14	1999 年浙教版	17	3, 17.6	4, 23.5	5, 29.4	12, 70.6	2, 11.8	2, 11.8	1, 5.9	5, 29.5

　　根据表3－2，我们不难发现：这一时期的教材在编写圆面积相关练习时，训练题量较大；练习内容侧重于单纯的公式计算；强调技能训练；综合应用圆面积计算公式解决问题的题型少，并以求圆环面积为主；较少涉及在现实情境中的问题解决。同时，我们也发现：1980 年后期的教材，在编写圆面积的相关练习时，已逐步从重视公式计算技能训练向实际应用转变，开始强调内容的现实背景，与学生的生活联系越来越紧密，题材内容逐渐丰富，出现了一些综合应用圆面积相关知识解决富有挑战性的问题，如 1999 年人教版教材（见图 3－22）和 1988 年天津版教材（见图 3－23）。

一种麦田的自动旋转喷灌装置的射程是 15 米。它能喷灌的面积有多少平方米？

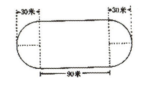
一个运动场如下图。求这个运动场的占地面积。

图 3－22　　　　　　　　　　　图 3－23

可见，我国小学数学教材一直在实践中探索与发展，力求符合儿童的年龄特征，遵循儿童的认知规律，从而更有利于学生的学习。

3.2.2　实验稿课标指导下各版本教材的编写情况

2001 年《全日制义务教育数学课程标准（实验稿）》颁布。为体现实验稿课标理念，全国各套小学数学教材都做了较大幅度的修订。对于"圆的面积"教学内容，现行的各套实验稿课标指导下教材又是如何编写的呢？它们各自有什么特点？

> **思考**
>
> 横向比较新课标背景下的小学数学教材圆的面积内容编写有哪些角度？它们的体例结构有什么相同和不同？

我们查阅了现行的六套教材——由人民教育出版社、北京师范大学出版社、江苏教育出版社、西南师大出版社、青岛出版社和浙江教育出版社出版的教材（以下分别简称"人教版"、"北师版"、"苏教版"、"西师版"、"青岛版"和"浙教版"），发现各套教材对这部分内容的编写有很多相似之处，比如都是按照"情境引入—猜测估计—平均分割—拼合转化—公式推导—应用拓展"的流程来编写圆面积计算公式推导过程的，都是通过动手操作、自主探究的环节设计，让学生经历圆面积计算公式的推导过程，且十分重视化曲为直、极限思想的渗透。但各套教材仍然在内容的呈现形式上、对圆面积计算公式的推导处理上各有特色。本文试图一一阐述，旨在借鉴、吸取各种版本教材之长，促进小学数学教材建设，帮助一线老师理解教材，展开有效教学。

◈ **教材引入采用了哪些方式？**

研究"圆的面积"如何引入，从而使学生感受到研究的必要性，激发他们的学习动机十分重要。这六个版本的数学教材，主要有以下两种引入方式。

（1）创设现实生活情境，引出求圆面积的必要性

这六版教材，除苏教版外，都采用了这种引入方式：人教版求圆形花坛的面积；北师版求喷水头转动一周可以浇灌多大的面积；西师版出示一个云南景洪的曼飞白塔塔基（圆柱形石底），要求它的占地面积；青岛版是计算"神舟五号"飞船的降落范围；浙教版出示一幅羊被拴在木桩上吃草的场景图，继而提出羊吃到的草地面积是多少的问题。以上教材都创设了现实的生活情境，其中包含有要解决的圆面积计算问题，从而引出求圆面积计算的必要性，激发学生的学习动机，明确要达到的目标。

（2）比较、估计圆面积的大小，引出精确计算圆面积的必要性

苏教版教材没有创设现实生活情境，而是呈现了"以正方形的边长为半径画一个圆，用数方格的方法计算出圆面积"的数学情境（如图 3 – 24）。教材分别以边长 4 厘米、3 厘米、5 厘米的正方形的边为半径画一个圆，要求学生数方格计算正方形的面积、$\frac{1}{4}$ 圆的面积和圆的面积。

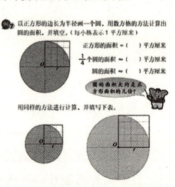

图 3 – 24

我们认为，采用现实情境引入的五个版本教材中，西师版的求云南景洪曼飞白塔塔基占地面积和青岛版的求"神舟五号"降落范围，都是极具地域特色和时代气息的数学情境，但这样的情境离学生的生活比较远，可能会超越学生的认知范畴和想象空间。面对这样的情境，让学生想象塔基占地面积就是圆的面积可能会有一定的困难；计算"神舟五号"降落范围就是计算圆面积，也可能会超出学生的想象空间，因为它不像"喷水头"那么直观，不像"圆形花坛"容易看见，但是，学习这样的内容也可能会增加学生的阅历，开拓学生的视野和知识面。

浙教版"计算羊吃到草地的面积"看似一个老的问题情境，但它符合2011版课标的评判价值取向："倡导用具体的、有趣味的、富有挑战性的素材引导学生投入数学活动。"更为本质的是，这一问题情境便于揭示圆形地面的大小取决于绳子的长短，从而使学生自己抽象出"圆面积的大小是由圆的半径决定的"。

苏教版采用"数方格"的方法引入，这也是一种有效的方法。对圆这个曲边图形，数方格不仅能知道面积大约是多少，而且对探索面积公式有一定的启发作用。

⊕ **各版本教材对圆的面积如何定义？**

"圆的面积"的定义一般是指：圆所占平面图形的大小叫做圆的面积。根据对比研究，六版教材均未给出圆面积的定义，其中人教版（如图3－26）、北师版（如图3－25）和浙教版（如图3－27）创设了现实生活情境，用直观图和动态语言描述圆面积的含义。如北师版提出"喷水头转动一周可以浇灌多大面积的农田？"，人教版创设了"圆形草坪的占地面积"，等等。

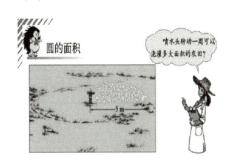

图3－25

图3－26

图3－27

除上述的三个版本教材外，其余教材也都采用了"问题解决"的形式展开了"圆的面积"教学研究。2011 版课标提倡把"发现和提出问题，分析和解决问题"作为数学课程总体目标。问题解决作为高层次的学习活动，是一种构建和探索的过程。问题解决式教学能为学生提供一个发现、创新的环境和机会，便于训练学生的思维，更易于学生积累基本的数学活动经验。

⊕ 圆面积计算公式推导的教学顺序有何差异？

比较查阅的这六套小学数学教材，我们发现各版本编排的圆面积计算公式推导的教学顺序没有显著差异。它们都非常重视计算公式的推导过程，基本按照"猜测估计—平均分割—拼合转化—公式推导"的流程来编写。六版教材都十分强调几何教学的空间观念培养，通过动手操作的经验积累、动态演示图形运动变化规律、从数和形两个领域引导学生自主探究，经历圆面积计算公式的推导过程，重视化曲为直和极限思想的渗透。

⊕ 在圆面积计算公式推导前是否进行估计与猜测？

> **思考**
>
> 圆面积计算公式推导前进行估计与猜测是否有意义？如果有，意义何在？

将圆面剪开推导面积公式之前，让学生大致估计圆面积的大小、猜测圆面积与半径的关系、体会到剪开的必要性十分重要。但如何让学生估计与猜测，各教材有不尽相同的处理方法，主要有以下两种。

（1）在网格图中估计圆面积的大小

北师版在同一个网格图中出现了圆与它的内接正方形和外切正方形（如图 3 - 28），对此可以采用数方格的方法估计圆的面积：第一步，利用正方形的面积进行估

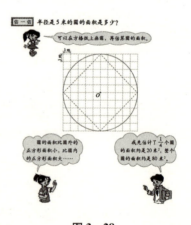

图 3 - 28

计，得出圆的面积比圆外切正方形面积小，比圆内接正方形面积大；第二步，利用数方格进行估计，即先用数格子的方法数出 $\frac{1}{4}$ 个圆的面积，再估计整个圆的面积。

苏教版也安排了用方格纸估计圆面积的环节（如图3-29）。不同的是，它没有出现圆的内接正方形和圆外切正方形，只是通过数格子的方法数出 $\frac{1}{4}$ 个圆的面积，再估计整个圆的面积。为了引起学生对圆面积与半径平方关系的注意，教材设计了表格，让学生通过填写半径的长度，体会正方形的边长与圆的半径相等、正方形的面积与半径的平方相等。这样的编排，有利于引导学生体会圆面积与正方形面积的倍数关系就是圆面积与它的半径平方的倍数关系。

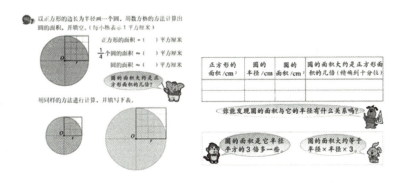

图 3 – 29

西师版只给出了一个圆与圆外切正方形的关系图（如图3-30）。通过观察，学生会发现圆的面积比4个小正方形的面积小，也就是比 $4r^2$ 小；继而发现，圆的面积比1个小正方形的面积大，也比2个小正方形的面积大，但不能一眼看出比3个小正方形的面积是大还是小。于是又把圆和小正方形放到方格纸上去观察，由此得出圆面积是小正方形面积的3倍多一些，也就是半径平方（r^2）的3倍多一些。这个观察、比较的过程，对圆面积计算公式的推导十分重要。

图 3-30

（2）直接观察圆与它的内接正方形和外切正方形关系图，猜测圆面积的大小

青岛版和浙教版对于这部分内容的编排十分相似。教材同时出示两个比较图——圆与它的内接正方形、圆与它的外切正方形，都没有出现方格纸。不同的是，青岛版用对话的方式比较粗略地得出圆面积的大小范围，而浙教版教材给出了一个清晰的数学化的表达式，揭示了圆的面积与半径之间的关系（如图 3-31）。值得一提的是，青岛版承接以上的研究思路，进一步递增外切正多边形和内接正多边形的边数，与圆面积进行比较，渗透了极限的思想，使学生体会到多边形的边数越多，正多边形的面积就会无限地接近于圆的面积。

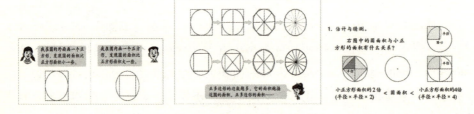

图 3-31

通过以上对比研究，我们认为在圆面积的计算公式推导前，借助直观图表，设计"猜测估计圆面积的大小？思考圆的面积与什么有关？有什么关系？"的环节，使学生进一步体会面积的含义，感受化曲为直的思想，培养估计意识。利用圆内接和外切正方形估计面积，既有利于学生对圆面积

与半径关系的理解，得出圆面积的取值范围；又渗透了用逼近思想探究圆面积计算公式的方法，体现了极限的思想。因此，这一环节的设计与编排十分有必要。

⊕ **研究素材有何差异？**

思考

比较各版本教材提供的研究素材，对探究圆面积计算公式是否有价值？如果有，请分析一下。

实验稿课标实施以前的小学数学教材，在圆面积计算公式推导前，多数只提供一个 16 等分的圆以供研究。而实验稿课标背景下的各个版本小学数学教材，除浙教版只出现一个分割图以外，其余都将圆平均分割成多块。如北师版和西师版依次出现了 8 等分、16 等分、32 等分图；苏教版、青岛版则将圆平均分割成 16 等分、32 等分……

人教版虽然只出现了一个 16 等分的圆，但是教材编写采用的是实验方法，有具体详细的操作指导："在硬纸上画一个圆，把圆分成若干（偶数）等份，剪开后，用这些近似等腰三角形的小纸片拼一拼，你能发现什么？"同时教材还呈现了三个学生拼摆后的图形（其中一个学生使用了多媒体操作），虽然平均分的份数不同，但拼成的都是近似平行四边形、长方形。（如图 3－32）

图 3－32

我们认为，"圆的面积"教学中，涉及以直代曲的转化过程和极限思想，这对于抽象思维能力较低的小学生来说无疑是一个学习难点。为了突破这一难点，多数教材选择了呈现多个等分圆的剪拼过程，如北师版教材通过对比使学生初步感知：把圆等分的份数越多，拼成的图形就越接近平行四边形或长方形，从中渗透极限思想。（如图 3 - 33）

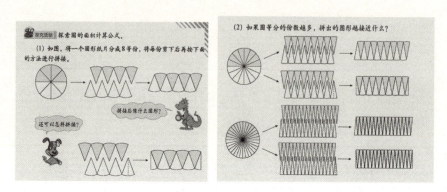

图 3 - 33

教材在圆面积的公式推导前，逐步呈现多个分割图，对想象能力较弱的学生而言直观形象，为探究圆面积的计算公式搭建了很好的脚手架。随着圆被平均分割块数的增多和研究素材的丰富，学生更容易依次观察和比较这些有限分割的异同，自然易于注意到等分的份数加倍与拼成图形的变化趋势，想象等份数无限加倍时的"极限状态"，从而经历一个由感性认识上升为理性认识的过程。

当然，分割图呈现的多少还涉及教材的篇幅。作为教材，提供的是一种研究的思想和研究的方法，仅起到示范作用，并不一定要将所有的情况都一一呈现。对于这个问题的处理，人教版给出了比较好的范例：一是采用小组合作实验研究的方式，自行决定等分的份数（但必须是偶数份）；二是充分发挥多媒体课件的优势，不断将圆细分，这样拼成的图形越来越接近于长方形，效果更为直观。

⊕ 采用哪些方法探究圆面积计算公式？

圆面积计算公式有多种推导方法。综观实验稿课标背景下这六个版本的数学教材，一共呈现了五种方法。以浙教版为例，具体如下。

方法一：将分割后的圆拼合成近似平行四边形，然后比较平行四边形与圆之间的关系，推导圆的面积公式。（如图 3 - 34）

圆面积＝平行四边形面积
＝底×高
$=\frac{1}{2}C\times r$
$=\frac{1}{2}\times 2\pi r\times r$
$=\pi r^2$
r
$\frac{1}{2}C$

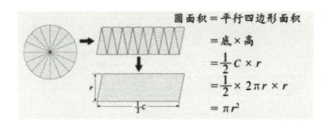

图 3－34

方法二：将分割后的圆拼合成近似长方形，然后比较长、宽与圆的半径之间的关系，推导圆的面积公式。（如图 3－35）

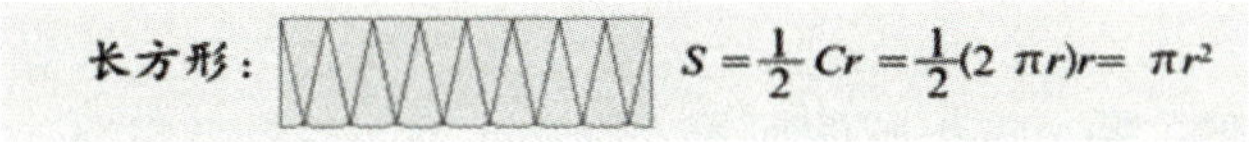

长方形：
$S=\frac{1}{2}Cr=\frac{1}{2}(2\pi r)r=\pi r^2$

图 3－35

方法三：将分割后的圆拼合成近似梯形，利用梯形上底、下底、高与圆周长、半径之间的关系，推导圆的面积公式。（如图 3－36）

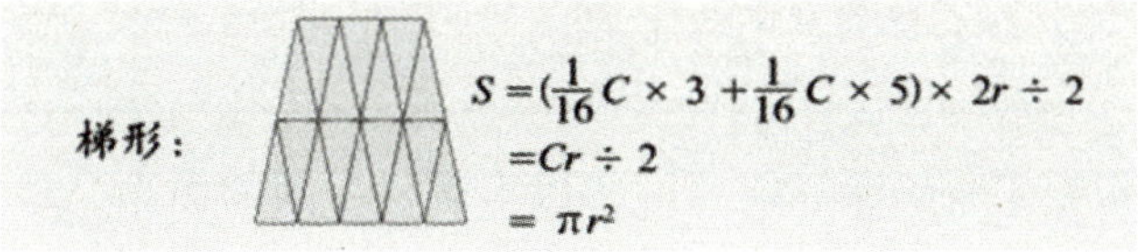

梯形：
$S=(\frac{1}{16}C\times 3+\frac{1}{16}C\times 5)\times 2r\div 2$
$=Cr\div 2$
$=\pi r^2$

图 3－36

方法四：将分割后的圆拼合成近似三角形，推导圆的面积公式。（如图 3－37）

三角形：
$S=\frac{1}{2}\times(\frac{1}{16}C\times 4)\times 4r$
$=\frac{1}{2}Cr$
$=\pi r^2$

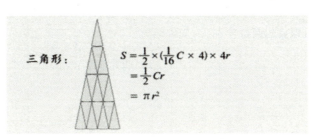

图 3－37

方法五：将圆等分成 16 份后，不剪开，先求出 1 份的大小，再乘 16，

求出圆的面积。（如图 3 – 38）

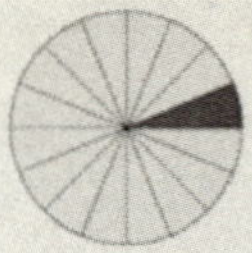

$$S = \frac{1}{2} \times (\frac{1}{16}C) \times r \times 16$$
$$= \frac{1}{2} Cr$$
$$= \pi r^2$$

圆面积计算公式：$S = \pi r^2$

图 3 – 38

　　上述五种方法都用了转化的思想，将圆进行剪拼，把一个未知的、尚未建立它的面积公式的圆，转化成为一个已经能求出面积的基本图形。这种转化思想是基于"化曲为直"、变"有限"为"无限"的思考，根据剪拼前后的图形关系，求出圆的面积。像这样不同的推导思路，多种解决问题的策略，都会促进学生空间观念的发展。

> **思 考**
>
> 根据实验稿课标编写的六种版本教材选用最多的是哪种推导方法呢？你会选择哪几种？为什么？

　　我们对根据实验稿课标编写的各版本教材中圆的面积公式的推导方法进行了统计，见表 3 – 3。

表 3 – 3　根据实验稿课标编写的六种版本教材呈现的公式推导方法

教材 方 法	人教版	北师版	苏教版	西师版	青岛版	浙教版
方法一：将分割后的圆拼合成近似平行四边形		√		√		√
方法二：将分割后的圆拼合成近似长方形	√	√	√		√	√
方法三：将分割后的圆拼合成近似梯形						√

方法 \ 教材	人教版	北师版	苏教版	西师版	青岛版	浙教版
方法四：将分割后的圆拼合成近似三角形						√
方法五：将圆等分成 16 份后，不剪开，先求出 1 份的大小，再乘 16，求出圆的面积						√
方法数量合计（种）	1	2	1	1	1	5

从表 3-3 中可看出，方法一和方法二是教材编排的首选，原因在于学生有一定的基础，方法简洁、容易理解，而且长方形的面积计算是各类图形面积计算的基础和逻辑原点。第三到第五种方法推导后的公式比较难证，所以只有部分教材采用。

从表中还可以发现，这六个版本教材呈现的推导方法数量不同。其中浙教版呈现了五种方法，北师版教材呈现了两种方法，其余教材呈现一种方法。作为教材，应该提倡呈现一种方法，还是呈现多种方法呢？我们认为，由于圆面积计算公式推导的特殊性，让学生想象将一个"曲边图形"转化成"直边图形"来计算面积确实有一定的难度。因此，呈现一种主要推导方法的指向性强、目标明确，便于教师教、学生学。而如果呈现多种方法，可以丰富课程资源，为解题策略多样化提供可能，让学生在对比各方法之间异同的基础上，感悟"无限逼近"和"等积变形"的含义，渗透转化、极限、守恒等数学思想方法，发展学生的空间观念。在这方面，北师版和浙教版做了比较好的示范。而西师版教材，虽然在"探索圆面积计算公式"环节只呈现了一种方法，但在练习部分，安排了一个"课堂活动"（如图 3-39）。

我们认为，西师版的这种处理方式既照顾到多数学生的可接受程度，又为学习能力强的学生提供了广阔的数学思维空间。值得注意的是，不管是一种方法还是多种方法，都应重视教学过程的开放，也就是说不能因教

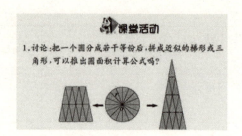

图 3-39

材呈现方法的多少来决定教学的开放程度。对学生而言，并不是每一种方法都需要掌握，重要的是要经历探索圆面积计算公式的推导过程，进行有效的思考，体验转化的数学方法，感悟极限思想。

⊕ **安排了哪些练习题？**

这六个版本教材在推导出圆面积计算公式后，在新课部分均安排了一些例题来巩固知识。基本题型是：已知半径求圆面积；已知直径求圆面积；已知周长求圆面积；已知外圆半径和内圆半径，求圆环面积（用分步解答和综合列式两种方法进行教学）。

这些例题大多以现实生活为背景，引导学生灵活运用所学知识解决问题。如人教版："光盘的银色部分是一个圆环，内圆半径是 2cm，外圆半径是 6cm。它的面积是多少？"

这些例题还重视培养学生的空间观念。如北师版：估一估半径是 1 米的圆有多大，大约能站几名同学？半径是 10 米的圆有多大，大约有几个教室那么大……

> **思考**
>
> 六版本教材例题和练习的编写有什么相同点和不同点？

这六个版本教材的例题编写，无论从数量、题材和呈现尝试来看，都十分相似。它们都重视应用公式解决实际问题，重视空间观念的培养。

在"圆的面积"教学后，这六个版本的教材还都安排了一课时的练习课，试图通过各种形式的练习，帮助学生掌握圆面积计算公式，解决实际问题。不同版本教材编写的练习题类型相似，主要有：直接给出条件，计算圆面积；出示图形并标出相关条件，求面积；利用表格，正向或逆向应用圆面积公式进行计算；文字描述现实情境，应用公式解决问题；图文结合，综合应用公式解决问题。我们对这些练习题进行了分析，见表3－4。

表3－4　根据实验稿课标编写教材的练习题分析

序号	教材名称	总题数	各类型练习题的数量及其占总题数的百分比(%)							
			无现实情境				有现实情境			
			直接应用公式	间接应用公式	综合应用公式	合　计	直接应用公式	间接应用公式	综合应用公式	合　计
1	人教版	15	3,20.0	3,20.0	2,13.3	8,53.3	1,6.7	2,13.3	4,26.7	7,46.7
2	北师版	17	2,11.8	2,11.8	2,11.8	6,35.4	2,11.8	3,17.6	6,35.3	11,64.7
3	苏教版	14	/	/	6,42.9	6,42.9	/	3,21.4	5,35.7	8,57.1
4	西师版	9	/	2,22.2	/	2,22.2	2,22.2	3,33.3	2,22.2	7,77.7
5	青岛版	20	3,15.0	3,15.0	3,15.0	9,45.0	1,5.0	5,25.0	5,25.0	11,55.0
6	浙教版	16	3,18.8	7,43.8	2,12.5	12,75.1	1,6.3	1,6.3	2,12.5	4,25.1

从表3－4中我们不难发现：不同版本教材在编写"圆的面积"练习题时，题量各不相同。如西师版的练习量最少，只有9题（西师版教材在"圆的面积"一课后，既安排了练习课，又专门安排了一课时的"解决问题"，以上题量并没有算在内）；其他版本均在15题左右，而青岛版有20题，题量最多。

这一时期的教材中，无现实情境的纯公式计算练习明显少于2000年前的教材；有现实情境的、应用圆面积计算公式解决实际问题的练习逐渐增多；题材内容也越来越丰富，如出现了北京天坛公园的回音壁围墙、水波面积、荷叶的受光面积等。这类练习题在各版本教材的表现形式有所差异，但它们的本质都是属于应用圆面积知识解决生活中的问题。此外，各版本教材十分重视综合应用已有知识，并具有一定的挑战性，这对于学生形成良好的教学观有着十分积极的意义。

3.2.3　港澳台地区教材的编写情况

"圆的面积"是一个基础内容，无论哪个时期或哪个地域的教材，都将它作为小学阶段的必学知识。为扩大研究范围，了解更多的信息，我们分别选取了我国港澳台地区的一套教材，查阅其中关于"圆的面积"的编写情况，试图分析和了解它们各自的特点。

◈ **香港教材的编写有哪些特点？**

我们选取了黄德华等主编、牛津大学出版社 2009 年出版的《新世代数学》（初中 2B）进行分析，具体分三个环节来展开教学。第一环节，课堂活动，用数方格的方法计算三个大小不等圆的面积并得出圆面积公式。第二环节，直接应用圆面积公式得到准确至最接近的结果，引导学生开展 IT 活动，通过网站了解圆面积的相关知识。第三环节，综合应用面积公式解决实际问题。其中，香港版教材没有创设生活情境，而是安排了"课堂活动"。首先，在透明方格纸下放着大小不等的三个圆，引导学生试用数小方格的方法估计圆的面积。然后，将测量所得的结果填写在表格中，进一步观察圆面积（A）、半径（r）、r^2 以及 $\dfrac{A}{r^2}$ 之间的关系（见图 3 - 40）。此外，教材还在相应环节安排了 IT 活动，提供配套教学网站，引导利用网站搜索有关圆的半径、直径、周界（即周长）和面积的资料。

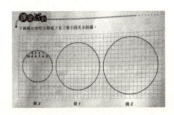

图 3 - 40

◈ **澳门教材的编写有哪些特点？**

我们选取了汪甄南主编、澳门教育出版社有限公司 2005 年出版的《新思维数学》（6 上）进行分析，其中也没有出现现实生活情境，而是直接提问"圆形和小正方形的面积有什么关系？"，引导学生带着问题开展学习活动；然后研究圆与内接正方形、外接正方形的面积关系，确定取值范围。（如图 3 - 41）

图 3-41

接着，教材引导学生将一张正方形纸对角折数次，剪一刀展开成为一个近似圆，观察发现折痕中间的一点是圆心，从而感知折的次数愈多，剪成的图形愈接近圆形。同时在圆中用虚线表示出所有折痕，了解这个圆形的面积可以看成是这些等腰三角形的面积之和。（如图 3-42）

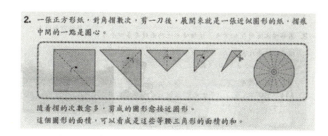

图 3-42

最后，教材将圆 16 等分，拼成平行四边形推导出圆的面积公式。教材在公式应用部分，先是给了一个例题——已知圆形喷水池周长求面积；然后安排了 5 道练习题，3 个基本公式计算练习，1 个实际情境应用题和 1 个运动场面积的综合练习。值得一提的是，教材在课后设计了"动动脑筋"的环节，要求学生将圆 16 等分后，利用梯形和三角形面积公式，推导圆面积计算公式。

　　⊕ **台湾教材的编写有哪些特点？**

对台湾教材我们选用了台湾翰林出版社 1994 年出版的《九年一贯国民小学数学课本》，其中用了 8 个页码、三大部分的 13 个小环节展开对圆面积的教学。

第一部分，估算不规则形的平面区域面积。首先，教材给出三个相关的正方形和一个圆，要求比较它们面积的大小，引出圆的面积取值范围。
（如图 3 – 43）

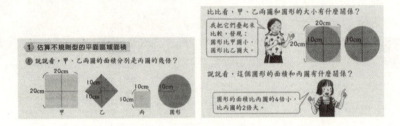

图 3 – 43

然后让学生通过数方格的方法，估计圆的面积。教材针对曲线图形数方格时的特殊情况，给出了十分具体的操作办法。（如图 3 – 44）

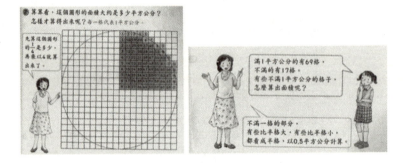

图 3 – 44

最后，运用以上数方格的方法，让学生算一算不规则平面区域的面积。
（如图 3 – 45）

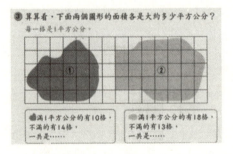

图 3 – 45

第二部分，圆面积计算公式。教材用五个小环节，将一个半径 10 厘米的圆，分别割成 4 等分、8 等分、16 等分、32 等分、64 等分后拼成平行四边形。观察拼后的图，找出哪里是圆的半径，哪里是圆的周长的一半，从而推导出圆面积的计算公式。（如图 3 −46）然后用公式计算半径是 10 厘米的圆的面积，并与前面数方格得到的结果进行比较，看相差多少平方厘米。

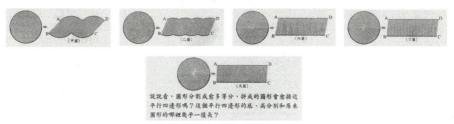

图 3 −46

第三部分，利用公式算出圆面积。教材出示了四个例题，每一题都来自现实生活，并配有情境图。这四个题分别是已知半径求面积，已知直径求面积，已知内圆半径和环带宽求圆环面积和关于圆的组合图形面积。（如图 3 −47）

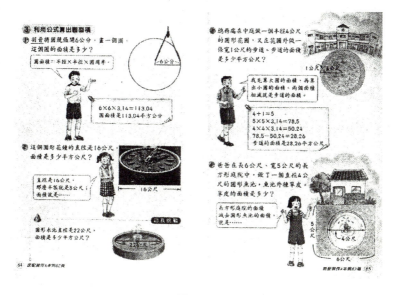

图 3 −47

3.3　各版本教材比较研究的启示

教材是教师和学生进行教学活动的重要范本，通过纵向与横向比较不同时期同种教材和同一时期不同教材的编写特点，可以发现这些教材均遵照教学大纲或课程标准的相关要求编写，整体风格比较接近，但在导入方式、呈现的素材、概念揭示方式、课堂活动、重难点处理等方面均略有差异。各版本教材比较研究的启示具体如下。

①重视情境引入，培养空间观念。现实世界中有许多有助于学生发展空间观念的教学资源，教材应当充分利用这些资源和学生在日常生活中已经获得的经验展开教学。"圆的面积"的教材编写应从现实情境引入，循序渐进、螺旋上升地开展观察交流、猜测估计、动手操作、表达概括等形式多样的数学活动，通过图形变换、活动等手段，更好地掌握圆面积的相关知识，发展空间观念。

②借助几何直观，发展推理能力。直观，通常没有经过严格的逻辑推理，却能把握对象的全貌和本质。因此，"圆的面积"教材编写及教学要重视借助图形直观研究问题，通过对圆面积与内接、外切正方形面积的猜想与估计，对圆面积与其他直线图形的面积关系直观思考和分析，把复杂的数学问题变得简明、形象，引导学生经历观察、实验、猜想、证明的过程，发展学生的概括推理能力。(邵虹，2011)[16]

③采用多种方法，加强运动观点。教材编写应提供多种素材和研究方法，通过图形的运动，观察圆面积在转化过程中变与不变的关系，从特例的研究发现圆面积计算方法的一般规律，通过数学归纳法，总结出面积公式。

④注重探索与验证的有机结合。探索活动是进行合情推理的过程，有助于理清思路、发现结论。在"圆的面积"教材编写时，应加强"探索发现"和"猜想验证"的有机结合，创设学生动手操作、实践探索的开放性数学活动空间，充分展开对圆面积计算公式的推导过程，实现"增强学生发现和提出问题的能力、分析和解决问题的能力"的课程目标。

⑤练习题材丰富，重视应用意识。对"圆的面积"教材编写及教学时，应当注重引导学生经历"从生活到数学"的建模过程，提供素材丰富、应

用性强、呈现方式新颖、有思维含量的练习设计。这样一方面，能够让学生认识到生活中蕴藏着大量与数学有关的问题；另一方面，让学生应用数学的知识、方法、思想分析和解释现实世界中的现象，解决实际问题，从而去发展应用意识、创新意识和创新精神。

　　本章的教材比较过程，力求客观描述各版本的编写特色，为教师借鉴、汲取各种版本教材之长，为学生创造更广阔的思维空间，促进小学数学教材建设和有效教学提供依据。

4

教学前学情调查与分析

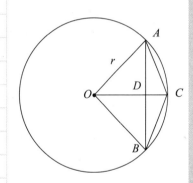

为了解学生自主探索和理解、应用圆面积计算公式的心理过程，更好地确定教学的起点、重点和难点，我们在学生不知情的状态下进行圆面积的教学前测。

思 考

你认为影响学生理解和掌握圆面积计算公式的主要因素有哪些？

影响"圆的面积"教学的因素有很多，其中有关学生的情况，主要表现在四个方面：一是学生已有的关于圆和圆面积的生活经验。学生在生活中接触了大量的物体，其中有一些物体与圆有关，如1元硬币、圆形的餐桌、可旋转的洒水喷头，等等。这些积累起来的与圆相关的经验对认识圆、会计算圆面积有很重要的影响。二是学生学习的情感态度。学习兴趣是学生主动学习的根本动力，而好奇心和求知欲是发展兴趣的基础。因此，学生在以往的学习中，已经建立起的对数学的情感体验，对数学的喜欢程度和是否愿意积极参与数学活动等情感因素，都会影响到学生对圆面积的学习。三是学生已经掌握的数学知识基础。学生在学习圆面积前，掌握直边平面图形面积计算方法的熟练程度，和他们理解并应用面积计算公式的能力，直接影响他们对圆的面积学习的效果。四是学生已经掌握的研究方法和具备的研究能力。即学生在经历数学活动的过程中积累起来的操作经验、方法策略和推理概括能力，如根据数学信息"猜想估计"的经验和根据结果"探究原理"的经验等。

思 考

研究学生的学习起点可以有哪些角度？

4.1 学生学习起点研究

根据影响"圆的面积"教学的因素分析，我们选择从"学生已有生活经验和情感态度"、"已经掌握的数学知识基础"和"已经掌握的研究方法和具备的研究能力"三方面，进行学生学习圆面积的起点研究，试图通过学前测试与访谈，了解学生头脑中朴素状态下的"圆"，为更好地进行教学设计提供参考。

⊕ 测试的问题

测试内容主要包含学生已有的关于圆的生活经验、对数学学习的态度、已有的与圆相关的知识（圆的定义、圆各部分名称、画圆、圆面积的概念）、猜测圆面积与什么有关、研究圆面积的方法等方面进行了调查。具体问题有：学习圆的面积在生活中有什么作用？你喜欢上数学课吗？数学课上你遇到困难会怎么办？圆的定义是什么？使用什么工具画圆？你认为什么叫圆的面积？圆的面积与什么有关？根据以往研究图形面积的方法，你估计圆的面积公式是怎样研究的？……以此来了解六年级学生对圆面积的学习起点情况及学习需求。

⊕ 测试的对象

按照正常的教学进度，选取了不同城区使用不同教材的三所学校（包括两所城镇小学和一所农村小学）五年级的 145 名学生进行调查。

⊕ 测试与访谈过程

三所学校的测试在 2011 年 9 月中旬的同一周内进行，在学生不知情的情况下由任课老师协助完成。解题提示写在卷面最上方，测试时不读题，直接让学生独立解答。学生在做测试的过程中，没有任何讨论与交流，整个测试过程基本反映了学生在自然情况下独立解决问题的真实情况。访谈则在测试当天，利用午间休息和放学后的时间，由我们在教师办公室一对一地独立进行。

4.1.1 学生情感态度测试

《义务教育数学课程标准（2011 年版）》从四个方面阐述了课程总目标，其中"情感态度"维度的具体目标是：

- 积极参与数学活动，对数学有好奇心和求知欲。
- 在数学学习过程中，体验获得成功的乐趣，锻炼克服困难的意志，建立自信心。
- 体会数学的特点，了解数学的价值。
- 养成认真勤奋、独立思考、合作交流、反思质疑等学习习惯。
- 形成坚持真理、修正错误、严谨求实的科学态度。

> 思考
>
> 你认为可以从哪些方面来研究学生已有的生活经验和情感态度的学习起点？

⊕ 测试的内容

为了搞清楚哪些因素对学生成绩产生影响，以及这些因素作用的大小，有必要设计更多的涉及情感、态度、价值观、学习习惯等方面的问卷。（蔡金法，2007）根据以上目标要求，我们可从四方面了解学生学习"圆的面积"一课之前的数学情感态度状况：一是学生的数学情感，这是一种关于喜欢与不喜欢、愿意与不愿意的情绪体验。数学情感是学生心理活动的一个重要因素，它是参与学习活动的动力和调节因素。二是学生的数学态度。它包括在数学课上是否积极思考、主动发言、与同伴交流，遇到困难是否能安静地独立思考、努力寻求解决策略，在开放的环境中是否乐于接受各方面的信息、向他人学习、有合作精神，是否具备求异思维、有创造的态度，等等。三是学生的数学价值观。数学价值观是学生的需要与数学价值之间的关系。其中，数学价值可分为数学实践价值、数学认识价值、数学德育价值和数学美育价值。数学价值是学生主动学习的形式，是对数学需要的升华，它直接表现为一种发自内心的学习动机，对数学学习产生深远而重要的影响。四是数学学习习惯。它包括学习过程中是否认真勤奋、善思好问、预习复习、反思质疑，等等。良好的学习习惯能帮助学生逐步实现由"学会"到"会学"的转变。

⊕ 测试的方法与结果

了解学生生活经验和情感态度通常有两条途径：一是问卷调查，二是个别访谈。

（1）问卷调查

问卷调查是调查者以书面提出问题的方式，通过统一设计的问卷向调查对象了解情况或征询意见的调查方法。问卷调查的运用，关键在于编制问卷，选择被试和进行结果分析。根据上文分析的数学情感态度的四个方面，我们编制了相应的问卷，具体如表4－1至表4－4中"调查内容"与"选项"所示。考虑到被调查对象方便答题和便于统计出结果，本次调查主要采用选择题的方式。选择支（即选项）根据需要而设立，一般在三个或三个以上，整张问卷基本统一为4个选择支。

对三所学校145名五年级学生进行问卷调查后，整理统计数据如表4－1至表4－4所示。

表4－1　学生数学情感前测统计

调查内容	选　　项	人数（人）	百分比（％）
1. 在你所学的科目中，你（　）数学。	A. 喜欢	78	53.8
	B. 比较喜欢	46	31.7
	C. 一般	21	14.5
	D. 不喜欢	0	0
2. 如果你喜欢数学，原因是（　）。（可多选）	A. 喜欢数学老师	89	61.4
	B. 数学成绩好	34	23.4
	C. 数学很重要，数学知识能帮我解决实际问题	131	90.3
	D. 数学课上有游戏	52	35.9

续表

调查内容	选　项	人数（人）	百分比（%）
3. 你觉得自己的数学成绩（　）。	A. 优秀	24	16.6
	B. 比较好	83	57.2
	C. 一般	20	13.8
	D. 比较差	18	12.4
4. 如果你觉得数学成绩不理想，原因是（　）。（可多选）	A. 害怕数学老师	11	7.6
	B. 上课不太听得懂	36	24.8
	C. 数学知识难	17	11.7
	D. 数学作业多	12	8.3
	未选择	69	47.6
5. 数学课上，老师对你的态度是（　）。（可多选）	A. 经常关注	73	50.3
	B. 有时关注	56	38.6
	C. 无所谓	16	11.1
	D. 从不关注	0	0
6. 对于提高数学成绩，你的态度是（　）。	A. 能学好	94	64.8
	B. 有信心，但需要帮助	35	24.1
	C. 无所谓	16	11.1
	D. 学不好了	0	0

从表 4-1 中数据可知，约 85% 的学生喜欢或比较喜欢数学，对数学学习有好奇心和求知欲；约 90% 的学生认为数学知识可以解决实际问题，这是推进学生主动学习数学的根本动力。当然，我们也发现有约 12.4% 的学生成绩偏弱，对数学学习存在畏难情绪，主要表现为上课听不懂、知识难度高、作业量大、老师关注少、缺乏学习信心等原因。因此，教师在教学过程中要有意识地加强兴趣引导，进行正面鼓励的教育和差异分层教学，让每一个学生都能学到有用的数学。

表 4 − 2　学生数学态度前测统计

调查内容	选　项	人数（人）	百分比（%）
1. 数学课堂上，你的表现（　　）。	A. 认真专心	81	55.9
	B. 一般	44	30.3
	C. 有时开小差	20	13.8
	D. 经常开小差	0	0
2. 老师提问时，你的表现是（　　）。	A. 积极思考，经常主动举手发言	69	47.6
	B. 有把握的题才举手	37	25.5
	C. 不太举手，希望老师少请发言	21	14.5
	D. 不举手，以听老师和同学发言为主	18	12.4
3. 小组合作时，你的表现是（　　）。	A. 参与讨论，主动表达	92	63.5
	B. 参与讨论，有时会发表意见	35	24.1
	C. 听其他小组成员讨论，自己不发表意见	18	12.4
	D. 不喜欢参与讨论	0	0
4. 遇到学习困难时，你的表现是（　　）。	A. 自己想办法解决	45	31.0
	B. 找老师、家长或同学帮助解决	87	60.0
	C. 不知道怎么解决	13	9.0
	D. 不想解决	0	0
5. 在解决数学问题的过程中，你的表现是（　　）。	A. 喜欢用多种方法解决问题	32	22.1
	B. 喜欢听同学交流多种方法	78	53.8
	C. 会用一种方法，但不想学习其他方法	16	11.0
	D. 不会解决，等待老师或同学辅导	19	13.1

续表

调查内容	选　项	人数（人）	百分比（%）
6. 做数学作业时，你喜欢的习题类型是（　　）。	A. 比较容易的	46	31.7
	B. 难度适中的	59	40.7
	C. 具有挑战性的	35	24.2
	D. 随便	5	3.4

　　表4－2中的调查数据表明，多数学生的数学态度良好，能主动参与到学习的全过程。当然，我们也看到数学学习对部分学生来说还是一个比较艰难的过程。如教师提问时能积极思考、经常主动举手发言的学生只占47.6%；小组合作时能参与讨论、主动表达的学生占63.5%。众所周知，良好的表达习惯有助于听课质量的提高，能锻炼学生用数学语言概括知识的形成过程，这一点是十分重要的，尤其是中高年级。同时，值得关注的是，调查中也反映出有少部分学生从不主动发言，这些学生不愿意或害怕发言，需要教师重点关注和引导。调查数据显示，只有31.0%的学生遇到学习困难时能自己寻找解决问题的方法，22.1%的学生习惯用多种方法解决问题，而更多的学生面对学习困难却束手无策。因此，教师应该在教学过程中给予适当的方法引导，帮助学生找到克服困难的办法，体验战胜困难的乐趣，同时建立对数学的自信心。

表4－3　学生数学价值观前测统计

调查内容	选　项	人数（人）	百分比（%）
1. 你所学的数学知识，在日常生活中（　）。	A. 经常用到	114	78.6
	B. 有时用到	31	21.4
	C. 从未用到	0	0
	D. 不太清楚	0	0
2. 你所学的数学知识，对今后的学习生活（　　）。	A. 非常有用	131	90.3
	B. 比较有用	14	9.7
	C. 基本没用	0	0
	D. 不太清楚	0	0

调查内容	选　项	人数（人）	百分比（％）
3. 在课外，你（　）与别人讨论数学话题。	A. 非常愿意	78	53.8
	B. 比较愿意	52	35.9
	C. 不愿意	0	0
	D. 无所谓	15	10.3

　　表4-3中的数据表明，80%～90%的学生认为数学有用，学习数学知识可以解决生活中的问题，半数以上的学生非常愿意在课外继续讨论有关数学的话题。以上数据充分表明，五年级的学生已经初步建立了较好的数学价值观，有利于巩固对数学的求知欲。

表4-4　学生数学学习习惯前测统计

调查内容	选　项	人数（人）	百分比（％）
1. 在新课学习之前，你的表现是（　）。	A. 主动预习	36	24.8
	B. 有时会预习	52	35.9
	C. 老师布置任务就预习，不布置任务就不预习	57	39.3
	D. 从不预习	0	0
2. 课堂上老师和同学发言时，我的表现是（　）。	A. 边听边思考	38	26.2
	B. 很认真听	99	68.3
	C. 有时认真听	8	5.5
	D. 经常不听	0	0
3. 课堂上老师布置动手操作的任务，我的表现是（　）。	A. 认真完成	129	89.0
	B. 需要同学帮助完成	14	9.7
	C. 看着同学完成	2	1.3
	D. 经常不参与	0	0

续表

调查内容	选　项	人数（人）	百分比（%）
4. 完成作业时，我的表现是（　）。(可多选)	A. 认真读题，弄懂题意后再开始做	130	89.7
	B. 拿到题目马上开始做	15	10.3
	C. 有困难先自己思考解决的方法	41	28.3
	D. 有困难先问老师、同学	86	59.3
5. 完成作业后，我的表现是（　）。	A. 认真检查	67	46.2
	B. 很快看一遍	63	43.4
	C. 等待老师收本子	9	6.2
	D. 做自己的事	6	4.1
6. 老师批改好作业，我的表现是（　）。	A. 马上订正错题	107	73.8
	B. 老师要求时再订正	29	20.0
	C. 不会订正，等待老师或同学帮助	9	6.2
	D. 不订正	0	0

　　本次调查主要选取了预习、倾听、操作、作业等维度对学生的学习起点进行研究。从课前预习数据可知，大部分学生还没有养成预习的习惯，不具备自主学习的经验和能力。表4-4中关于倾听习惯的调查数据显示，课堂上"很认真听"老师和同学发言的百分比较高，有94.5%。看来，绝大多数学生主观意识上是能做到认真倾听的，这是上课专心听讲的基本习惯，也是尊重老师和同学的良好表现。但作为数学课中的倾听，仅仅做到认真听、只听不想是远远不够的。因为数学课堂上的倾听需要进一步思考听的质量：听出了哪些数学信息？听到了哪些数量关系？听懂了哪些分析方法？……这些要素很关键，需要深入细致的研究。在积极参与动手操作方面，虽然所占百分比较高，但我们在平时的教学和课堂观察中也发现：有的数学活动，只听或看一位好学生的操作，没有学生间的互动；学生间存在不友好、不倾听、不分享的现象；动手操作中缺乏数学的思维跟进；

等等。因此，提高学生动手操作的有效性，加大参与度，使得不同层次的学生都得到一定的发展，养成良好的操作习惯值得重视。学生作业习惯情况喜忧参半。作业及时订正方面有较高的百分比，没有学生选择从不订正，但是在作业独立完成和检查方面存在一定的问题。独立完成课堂作业情况稍差可能与学生审题习惯有关，虽然有89.7%的学生选择了"认真读题，弄懂题意后再开始做"，但也不排除学生表面化地审题，而没有真正读懂、理解题目的意思，从而造成了独立解题的困难。另外，作业检查情况堪忧，会认真检查的学生百分比是46.2%，很快看一遍的是43.4%，不检查的是10.3%。这些数据反映出学生检查意识的淡薄，从一个侧面说明了学生缺乏认真细致的思维习惯。

（2）个别访谈

个别访谈，指教师单独与被调查学生进行的一对一访谈活动。这样的调查法获取的信息更加深入、详细和全面，可以了解学生的心理活动和思想观念，具有形式灵活、调查结果准确等优点。但同时，这样调查方法的记录和分析相当耗时，所以只能进行小样本研究。本次个别访谈随机抽取了十名学生进行，他们均来自城镇小学，刚做完"数学情感态度调查问卷"。以下节选了五名学生的访谈记录，以供分析研究。

[访谈1]

师：老师想和你交流一下，可以吗？

生：交流什么内容呀？

师：我们随便聊聊。像今天这样的调查问卷，你们以前做过吗？

生：做是做过的，比较少。

师：你喜欢这样的方式吗？

生：嗯……喜欢的。不用写名字，可以怎么想的就怎么选。

师：呵呵，你倒是很诚实。如果用A、B、C三个层次表示你的数学学习水平，你估计自己是哪一种？

生：我大概是B吧。

师：平时数学课，你经常举手发言吗？

生：有时会举手，有的问题比较难就不举手了。

师：你举手，老师会请你发言吗？

生：一般情况都会请的，有的时候举手人多就不一定了。

师：如果老师没有请到你，你会有失落的感觉吗？

生：这个么……有是有一点，不过还好啦，没关系的。

师：你回答问题对了老师会表扬你，回答错了会批评你吗？

生：嗯，回答对了老师会表扬，不过回答错了老师也不会批评。只有那些上课没有听的同学，回答错了老师才批评。

师：你的老师真不错。那你被批评过吗？

生：批评过的。我的作业错的比较多，老师就批评我计算太差。

师：哦，那现在呢？

生：现在我计算还好，老师表扬我有进步。

师：好的，希望你有更好的表现、更大的进步。谢谢你！

[访谈2]

师：你好！老师发现你今天做测试的速度特别快，平时做作业也这么快吗？

生：嗯，我一般做作业都比较快的，大概在班里是前五名吧。

师：你知道我们明天上课的内容吗？

生：知道，是圆的面积。

师：关于这个内容你知道些什么？

生：圆的面积不就是 πr^2 嘛！我早就在课外班学过了。

师：哟，不错嘛。说明你的数学成绩挺好的。那你知道这个公式是怎么来的吗？

生（挠挠头）：好像是变成什么图形算出来的，我也不是很清楚。哎呀，反正知道圆的面积是 πr^2 就可以计算了。我已经做过好多题目了。

师：哈哈，看来你是一个聪明的学生。不过，老师告诉你，只知道公式是不够的，还要知道这个面积公式是怎么来的，才叫真正的学会。

生（会意地点点头）：哦。

师：你想知道吗？

生：想的。

师：好，明天课堂上你认真听讲、积极思考，一定会学到更多的本领。谢谢你！

生：谢谢老师。

[访谈3]

师：老师看到你测试卷上的字写得特别漂亮，你的语文成绩一定很不错吧？

生：语文成绩还好。

师：与数学相比，哪一门更好一点？

生：我语文成绩比数学稍微好一点。

师：这两门科目，如果请你选，你会更喜欢哪一门？

生：嗯……好像喜欢语文多一点，因为我比较喜欢看书嘛。

师：不选择数学的原因是什么？

生：因为有时候数学题有点难。

师：遇到难题你会怎么办？

生：爸爸会教我的。

师：你爸爸是做什么工作的？

生：我爸爸是医生。

师：哦，你爸爸一般是怎么教你的？

生：他就是先自己做好，然后一步一步教我。

师：你有一个好爸爸。你比较喜欢看书，那你会在上课前看看数学书吗？

生（面露难色）：一般不太会，我看的多数是故事书。

师：哦，是文学方面的书？

生：是的。不过在复习的时候，老师让我们整理知识，我会翻看数学书，把公式都画下来的。

师：你的学习习惯还是很好的，还会到书本上去寻找知识，老师预祝你数学成绩会更好。

生：谢谢老师。

[访谈4]

师：你好。老师想和你聊聊天，可以吗？

生（有点紧张）：好的。

师：眼睛看老师，不要紧张，我们随便聊聊。

生：哦。

师：刚才，老师看你测试卷做得很认真，每一题都要仔细想一下，老师很欣赏你的学习态度。

生：哦。

师：老师看到你在"如果你觉得数学成绩不理想，原因是（　　）"的选项里打了√，你是怎么选的？

生（怯怯地）：我选了"上课不太听得懂"和"数学有点难"。

师：嗯，你把自己真实的想法表达出来了，很好。

师：数学哪些知识你会觉得有点难？

生：嗯……一些分数应用题，还有图形题。

师：上课不太听得懂时，你会举手问老师吗？

（学生摇头）

师：上数学课，你会主动举手发言吗？

生：很少的。

师：老师会主动请你发言吗？

生：有时会的。

师：你回答得怎样？

生：有时回答得出，有时回答不出。

师：回答不出，老师怎样表示？

生：老师就让我坐下认真听，有的时候让我站着听别人说，然后重复一遍。

师：做数学题碰到困难，你会怎么办？

生：我……就空在那里。

师：老师会来教你吗？

生：会的。有的时候让我到办公室教我，有的时候是在放学以后留下来教我。

师：有困难，你会问同学吗？

生：有时候会的。

师：同学会帮助你吗？

生：有是有，很少的。

师：你现在的数学成绩怎样？

生：不太好。

师：老师看你还是很努力的，你觉得自己能学好数学吗？

生（比较犹豫）：可以吧。

师：老师相信你！只要以后上课专心听，积极思考，不懂就及时请教老师或同学，一定会进步的。

[访谈5]

师：你好。

生：老师好。

师：你喜欢数学吗？

生：喜欢呀。

师：语文、数学、科学、英语这四门科目，如果请你按照喜欢的程度排序，你会怎样排？

生：数学第一，科学第二，语文第三，英语第四。

师：看来你最喜欢数学了。哈哈，作为数学老师，我很高兴呀！那你的数学成绩在班里情况如何？

生：我的数学成绩嘛，大概排在前三名吧。

师：很有自信的孩子。你喜欢数学的原因是什么？

生：数学还是蛮有趣的。数学题也比较简单，比语文简单多了。

师：在数学课堂上，你最喜欢什么内容？

生：我最喜欢图形内容。

师：为什么？

生：因为老师会发学具，让我们自己动手做，我觉得这样很有趣。

师：你会和小伙伴一起操作吗？

生：会呀。老师发的学具有时候2人一份，有时候4人一份，我都会和他们一起完成。不过我做的多一些，有时候是我做给他们看的，嘻嘻。

师：在做练习时，如果遇到难题你会怎样？

生：我主要是自己思考，一般都可以做出来的。实在想不出来的，再问老师。

师：你很厉害！如果一道题有多种方法，你会都写出来吗？

生：有时候，我们老师要求我们用两种方法解题，而且要写清楚步骤的。如果方法很多，老师上课会要求我们交流的。上次有一道组合图形面积，我们一共交流了五种方法呢。

师：这些方法你都听得懂吗？

生：嗯，好多方法我原来就会的，只是嫌它麻烦没有写。

师：你真是个聪明的孩子。

4.1.2 学生已有知识与技能测试

现代认知心理学明确指出：有意义的学习过程是原有知识同化新知识的过程。也就是说，有效的教学活动必须建立在学生的认知发展水平和已有知识经验之上。而在实际教学中，教师常常忽视大多数学生原有的认知基础，被少数学生与教师教学相呼应的假象所迷惑，以为学生已经将知识掌握，造成"会的不教也明白，不会的教了还是不明白"的问题。究其根本原因是，教材的逻辑起点与学生的认知起点，教师的主观臆断起点和学生的真实起点往往不一致。因此，关注教学前测，找准学生数学知识与技能方面的起点，将直接影响着具体内容的教学过程设计。比如，学生在学习"圆的面积"之前，已经掌握了哪些基础知识？积累了哪些研究方法和操作技能？哪些经验对"圆的面积"的学习有帮助？哪些可能有阻碍作用？……对这些问题的了解和掌握，是有效实施课堂教学的必要准备。

> **思 考**
>
> 你认为可以从哪些方面来研究学生已经具备的知识基础和能力基础？

⊕ **测试的内容**

本次测试从六个方面了解学生在学习"圆的面积"前具备的知识与技能：一是圆的定义和各部分名称；二是画圆的技能和对圆本质属性的了解；三是直边图形面积的研究方法；四是圆面积的定义；五是圆面积与什么有关；六是圆面积计算的研究方法。

⊕ **测试的方法与结果**

我们主要采用问卷调查的方式进行研究。

对和前面一样的三所学校五年级 145 名学生进行问卷调查后，整理统计数据如表 4 – 5 至表 4 – 11 所示。

表 4 – 5　被测学生的数学成绩分布情况

成绩等次	A	B	C
人数（人）	26	103	16
百分比（％）	17.9	71.0	11.0

表 4 – 5 中显示的成绩等次由任课教师根据被测学生在五年级上学期数学成绩及平时数学学习表现评定，其中，"A"表示数学成绩优异，"B"表示数学成绩良好，"C"表示数学成绩合格及以下。在本次测试中，也安排了学生自己根据上学期成绩给出选项的内容。数据显示，学生给出的结果基本与任课教师给出的结果一致。在做测试之前先了解学生的成绩分布情况，是为做进一步分析提供依据。

表 4 – 6　关于"用什么工具画圆"的测试情况

不同成绩的学生	用圆规画		用圆形的物体画		用其他东西画	
	人数（人）	百分比（％）	人数（人）	百分比（％）	人数（人）	百分比（％）
A	21	80.8	5	19.2	0	0
B	65	63.1	32	31.1	6	5.8
C	9	56.3	7	43.7	0	0

由表 4 – 6 可知，有 80.8％的学生会用圆规画圆，但成绩为 C 的学生用圆形的物体画圆的比例高达 43.7％。这一数据表明，还有一部分学生不能将画圆的方法与圆的概念及本质属性建立联系。

表4-7 关于"画圆并标上圆各部分名称"的测试情况

不同成绩的学生	工具画，完整正确		工具画，有修改，名称正确		徒手画，名称不完整	
	人数（人）	百分比（%）	人数（人）	百分比（%）	人数（人）	百分比（%）
A	19	73.1	7	26.9	0	0
B	54	52.4	43	41.8	6	5.8
C	6	37.5	7	43.7	3	18.8

　　由表4-7可知，绝大部分被测学生都能用工具画出圆，并标上各部分名称。极少数学生是因为没有带圆规，才选择徒手画圆。有3个成绩为B的学生先画了正方形，再确定圆心，最后徒手画出圆；其余学生的圆心是估计后随意定的。从完整正确画圆的数据，可发现成绩为A的学生的画圆技能明显高于其他学生，这说明学生掌握画圆技能有一定的困难。

表4-8 关于"你认为什么是圆?"的测试情况

不同成绩的学生	表述完整		意思相近		无法表述	
	人数（人）	百分比（%）	人数（人）	百分比（%）	人数（人）	百分比（%）
A	18	69.2	8	30.8	0	0
B	56	54.4	47	45.6	0	0
C	0	0	9	56.3	7	43.7

　　从表4-8显示的数据可知，被测学生已经对圆的定义有了初步感知，但在概念表述上存在比较大的差异。成绩为A的学生的数学概括能力优于其他学生，而成绩为C的学生的概括能力最弱，这可能会影响他们对圆面积方法的概括与归纳。

表4-9　关于"你认为什么叫圆的面积?"的测试情况

不同成绩的学生	圆的表面大小		中心部分		不知道	
	人数（人）	百分比（%）	人数（人）	百分比（%）	人数（人）	百分比（%）
A	24	92.3	2	7.7	0	0
B	70	68.0	5	4.9	28	27.1
C	7	43.8	0	0	9	56.2

由表4-9可知，被测学生中，有101人能大致说出圆面积的含义，占所有学生的69.7%。还有37人完全不知道圆面积的概念。说明新课教学时必须先明确圆面积的概念。

表4-10　关于"你认为圆的面积与什么有关?"的测试情况

不同成绩的学生	与圆的大小有关		与半径有关		与圆周率（π）有关		与直径、半径、圆心有关		与直径、半径、π有关		与直径和高有关	
	人数（人）	百分比（%）	人数（人）	百分比（%）	人数（人）	百分比（%）	人数（人）	百分比（%）	人数（人）	百分比（%）	人数（人）	百分比（%）
A	3	11.5	8	30.8	3	11.5	5	19.2	7	27.0	0	0
B	18	17.5	21	20.4	5	4.8	42	40.8	12	11.7	5	4.8
C	1	6.3	5	31.3	1	6.3	7	43.7	2	12.5	0	0

表4-10中的数据表明，被测学生分别写出了六种与圆面积有关的信息，离散程度较大。这一数据的出现，可能有两方面的原因：一方面，是因为部分学生对圆各部分名称及概念了解甚少；另一方面，说明学生的研究思路比较混乱，对这一曲边图形的面积研究存在许多疑惑。

表4-11 关于"你估计圆的面积计算公式是怎样研究的?"的测试情况

不同成绩的学生	数格子		剪 拼		把圆切割成一个学过的图形,再求面积		放在一个比它大的正方形里进行比较	
	人数(人)	百分比(%)	人数(人)	百分比(%)	人数(人)	百分比(%)	人数(人)	百分比(%)
A	5	19.2	12	46.2	5	19.2	4	15.4
B	34	33.0	59	57.3	8	7.8	2	1.9
C	5	31.3	9	56.3	0	0	2	12.5

表4-11 的数据显示,44 人想到用数格子的方法研究圆面积计算公式,占总人数的30.34%;80 人想用剪拼的方法研究圆面积计算公式,占总人数的55.2%。这说明,在之前学习长方形、平行四边形、三角形和梯形面积公式推导过程中,学生已经积累了丰富的用数方格估计平面图形面积的经验,部分学生能应用化归思想,通过将圆剪拼成已经学过图形的方法研究面积,为圆面积计算公式的推导奠定了良好的基础。

4.2 学生起点研究对教学的启示

教学"圆的面积"前的学生起点研究,能让我们清楚了解不同学生学习起点的丰富性和多样性,从情感态度、知识技能、方法过程等维度指导日常教学。

⊕ 学生对圆特征与本质属性的了解停留在表象

从前测情况来看,圆看似是学生熟悉的平面图形,但基本都停留在再认层面,学生之间对圆的特征及本质属性认识程度的差异较大。多数学生已经掌握了用圆规画圆的技巧,但对于用圆规画圆与圆本质属性的联系思考的深度还不够。建议在"圆的认识"新课教学时,让学生经历从生活原型抽象概括数学中圆的过程；在对画圆技能教学时沟通各部分之间的联系，理解并掌握圆的本质属性，为学习圆面积奠定基础。

⊕ 学生缺乏对圆面积研究中相关性因素分析的思考

教学时让学生思考"圆的面积与什么有关？"十分重要，它能引导学生从圆的特征和属性两方面进行思考，根据分析指标与其影响因素的关系，从数据上确定各因素对圆面积大小的影响方向和影响程度。从前测数据分析可知，虽然有部分学生知道圆的大小与半径有关，但这种"知道"也是浅层次的，甚至是猜测的结果。建议在教学中，加深数学研究的相关性因素分析，让学生通过数学活动认识到半径与圆心对圆的大小及位置的决定性作用。

⊕ 对研究方法的指导是圆面积教学的核心目标

前测数据表明，有30.34％的学生选用数格子的方法研究圆面积。这正如前文所述，说明在长方形、平行四边形、三角形和梯形等直边图形面积公式推导过程中，学生已经积累了丰富的用数方格估计平面图形面积的经验，因为数方格是最基础的求面积方法。有52.41％的学生希望通过剪拼的方法研究圆面积计算公式。这说明平行四边形等平面图形利用化归思想研究面积的经历带给学生正向的迁移，这种研究方法的积累为圆面积的学习直接奠定了方法基础。还有近30％的学生提出要将圆放到一个更大的正方形内研究，这为理解圆与半径之间的联系、估计圆面积的取值范围提供了依据。以上调查数据充分显示出学生已经具备丰富的研究方法，经历了多次研究过程，储备了较好的研究能力。因此，教师要创设开放的探究空间，提供丰富的研究素材，让学生独立经历数方格、剪拼等操作活动，通过观察、概括，积累数学活动经验，感悟化归思想。

5

教学设计比较研究

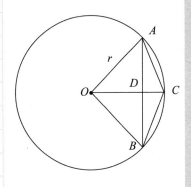

教学设计是根据教学对象和教学目标，确定合适的教学起点与终点，将教学要素有序、优化地安排，形成教学方案的过程。对学生而言，对学习效果产生直接影响的莫过于课堂教学。而课堂教学设计的理念、教学的目标、具体的教学过程都会直接影响教学活动，影响学生的学习效果。"圆的面积"是典型的几何类概念与公式推导课，因此研究这节课的人比较多，在各类小学数学教学的杂志上都可以见到有关"圆的面积"教学设计的文章。纵观已有的"圆的面积"研究成果，其中就本节课的教学设计、练习层次、教学反思和评价文章不在少数，但缺乏从多角度、综合性地进行研究的文献。我们对学生学习"圆的面积"的教学起点研究发现，多数学生对如何探索曲边图形的面积感到困难重重，而一线教师对如何引导学生理解"化曲为直"、渗透"极限思想"还存在许多疑惑……面对这些问题，我们需要更深入地研究和思考。

我们查阅了《小学数学教师》《小学教学》《小学数学教育》、《教学参考》等近20年来的期刊，并搜索中国知网，筛选出与"圆的面积"教学相关的文章共计103篇，其中教学设计或教学实录约占78.5%，其余的以练习设计为主。不同的教师执教"圆的面积"一课，常常有着不同的教学设计。本章中，我们试图对已经发表的部分教学设计进行综述，并选择部分教学设计作为代表，从教学目标、情境导入、面积公式推导和应用等环节进行对比研究。

5.1 教学目标设定的差异

要对"圆的面积"进行教学设计，首先要明确这节课的教学目标，目标是课堂教学的灵魂。从理论上说，每一节课都有着自己独一无二的教学目标。"圆的面积"的课堂教学目标是什么？不同历史阶段的教学目标分别是怎样表述的？它们有何差异？我们根据通读的一百多篇教学设计，发现"圆的面积"一课的教学目标根据时间基本可分成两个层次——这一分层是根据新课程改革开始实施的时间2001年作为节点的，也就是一部分是2001年以前的教学设计，另一部分是2001年以后的。

5.1.1 20世纪八九十年代教学目标的表述

我们选取了一篇80年代、两篇90年代的"圆的面积"教学设计，并摘录其中关于"教学目标"的表述部分进行比较。

［教学目的1］（章旭皓，1982）

理解圆面积计算公式的推导过程，能运用公式解决实际问题。

［教学目的2］（刘善林，1997）

（1）通过教学使学生建立圆面积的概念，理解圆面积计算公式的推导过程，掌握圆面积的计算公式；

（2）要求学生能利用圆面积的计算公式正确地进行圆面积的计算，并能解决有关圆面积的实际问题。

［教学要求］（王蕾，1997）

（1）理解圆面积计算公式的推导；

（2）使学生掌握圆的面积计算公式并会运用；

（3）培养学生的观察力、逻辑推理能力及发散思维能力。

教学重点：圆面的割补及圆的面积计算公式的推导。

教学难点：极限思想的渗透与公式的推导。

> **思考**
>
> 比较以上三组教学目标，表述上有什么相同点和不同点？

从理论上说，教学目标与教学目的、教学要求是有区别的。教学目标是指教学活动实施的方向和预期达成的结果，是一切教学活动的出发点和最终归宿。它与教学目的之间其实是具体与抽象的关系——教学目的是最高层次的概念，它是培养各级各类人才的总的规定，各级各类学校的培养目标、教学目标都要依据教学目的而制定。教学目标则更为具体，会微观到每堂课甚至每个知识点。教学目的与教学目标从表面看来很相似，但实际上它们有各自的内涵，彼此相关，又相互不能取代。这取决于目的与目标的根本不同，即目标可以测量，而目的不能，因此认清教学目标与教学目的之间的关系非常重要。

从上面三组教学目标的阐述中，我们可以看到，章旭皓老师写的这个教学目标十分明确地告诉我们："圆的面积"这节课主要达成"理解公式"和"运用公式"两方面的知识技能目标。刘善林老师虽然分两点来表述教学目标，但内容上与章旭皓老师的阐述十分相似，没有什么拓展。王蕾老师虽然没有明确地写出教学目标的三个方面，但我们可以看出它对知识与能力这两个方面的要求——理解与应用圆面积计算公式；培养学生的观察力、逻辑推理能力及发散思维能力。同时，王老师还强调了教学的重点与难点，便于教师在教学时突出重点、突破难点，很好地驾驭课堂。总的来说，20世纪八九十年代初"圆的面积"一课的教学目标十分重视"加强双基，培养能力"。

5.1.2　2001年以来教学目标的表述

自2001年数学新课程改革以来，又涌现出了一批"圆的面积"教学设计，它们的教学目标又是如何表述的？这里选取了两篇教学设计，对其教学目标进行比较。

[教学目标1]（程彦，2008）

（1）学生通过观察、操作、分析和讨论，推导出圆的面积公式；

（2）能够利用公式进行简单的面积计算；

（3）渗透转化思想，初步了解极限思想，培养学生的观察能力和动手操作能力。

[教学目标2]（杨秀莉 等，2001）

（1）通过观察、操作，引导学生推导出圆面积的计算公式，并能运用公式解答一些简单的实际问题；

（2）激发学生参与整个课堂教学活动的学习兴趣，培养学生的分析、观察和概括能力，发展学生的空间观念；

（3）渗透转化的数学思想和极限思想。

教学重点：圆面积计算公式的推导。

教学关键：弄清圆转化后的近似图形之间的关系。

思考

2001 年后制订的教学目标有什么特点？与之前的教学目标在表述上最大的差异是什么？

由以上两篇教学目标，可以发现自从 2001 年新的一轮课程改革实施以来，教师在制订"圆的面积"这节课的目标时，有了一些变化。即除了重视"圆面积的知识技能目标"外，十分重视过程与方法、情感态度价值观目标。

根据教育目标分类理论，结合我国的教学实际，新课程将教学目标分为知识与技能、过程与方法、情感态度与价值观三个维度。"三维"教学目标不是三个目标，而是一个问题的三个方面。它集中体现了新课程的基本理念，集中体现了学生全面和谐发展、个性发展和终身发展的客观要求。

第一维目标：知识与技能目标。

主要包括核心知识和学科基本知识、基本能力——获取、收集、处理、运用信息的能力、创新精神和实践能力、终身学习的愿望和能力。

第二维目标：过程与方法目标。

主要包括教学研究的过程与方法。过程——指应答性学习环境和交往、体验；方法——包括基本学习方式（自主学习、合作学习、探究学习）和具体学习方式（发现式学习、小组式学习、交往式学习等）。

第三维目标：情感态度与价值观目标。

情感不仅指学习兴趣、学习责任，更重要的是指乐观的生活态度、求实的科学态度、宽容的人生态度。价值观不仅强调科学的价值，更强调科学的价值和人文价值的统一。

新课程背景下的课堂教学，要求根据各学科教育的任务和学生的需求，从"知识与技能"、"过程与方法"、"情感态度与价值观"三个方面出发设计课程目标。具体到教学实践，就是要把原来目标单一（即知识与技能一个维度）的课堂转变为目标多维（即知识与技能、过程与方法、情感态度与价值观三个维度）的课堂。

以上两篇"圆面积"教学目标虽然没有按照三个维度一一撰写，但从字里行间还是能看出这几个方面的目标大致如下。

过程与方法目标："学生通过观察、操作、分析和讨论，推导出圆的面积公式"；"渗透转化思想，初步了解极限思想，培养学生的观察能力和动手操作能力"……

情感态度与价值观目标："激发学生参与整个课堂教学活动的学习兴趣，培养学生的分析、观察和概括能力"……

从三个维度来表述教学目标无疑比20世纪90年代初的教学目标要全面和丰富。但遗憾的是在阅读已发表的这些教学设计时，其中比较完整和丰富表达教学目标的并不多。当然，是不是分成三个维度来表达，这只是一个形式，关键是看教学目标的实质内容是什么，是不是完全体现了课程标准或教学大纲的要求。

5.2　教学过程的不同设计

⊕　引入采用了哪些方式？

教学过程是"圆的面积"的教学设计中的重要内容，我们将对这节课的教学流程与主要知识点的发生过程加以研究。

引入是课堂教学环节中的重要一环，是课堂教学的前奏，如同一出戏的序幕。好的数学课堂引入，既能引发学生的学习兴趣，又能渗透数学思考方法。"圆的面积"一课既要教学概念又要进行公式推导，可以有多种不同的引入方式，归纳起来有以下几种。

［引入1］（隋鑫，1996）

（1）教师出示一个半径为10厘米的圆，问：圆一周的长度叫作什么？

（2）教师问：这个圆占面积的大小又叫作什么？

（3）引出：圆所占平面的大小叫作圆的面积，这节课我们就来学习"圆的面积"。（板书课题）

[引入2]（周玉仁，1994）

（1）让学生取出自己课前做的四个圆，左手举起面积最大的圆，右手举起面积最小的圆。问：为什么左边的圆比右边的圆面积大？（学生回答：左边平面比较大、左边圆直径比较长、左边圆半径比较长）

（2）提问：怎样知道圆的面积大小？这是我们这节课要研究的内容，请同学们看课本。（板书课题：圆的面积）

[引入3]（智衡，1996）

（1）写出圆周长计算公式：已知 $r=2$ 厘米，求 C；已知 $C=18.84$ 厘米，求 r。试用字母表示圆周长一半的公式。（ $\frac{C}{2} = \pi r$ ）

（2）启发学生回忆平行四边形面积计算公式的推导过程。（幻灯打出图形，讨论）

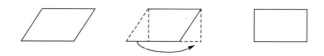

长方形的面积 ＝ 长 × 宽
　　　　　　　↓　　↓　　↓
平行四边形的面积 ＝ 底 × 高

（3）引出圆面积的推导过程。

[引入4]（赵淑敏，1999）

（1）我们学过哪些图形的面积计算公式？（长方形、正方形、平行四边形、三角形、梯形）

（2）在推导平行四边形面积计算公式时，用的是什么方法？（割补法）

（3）在推导三角形面积计算公式时，采用的又是什么方法？（切割法）

（4）前面我们学过的图形都是由线段围成的封闭图形，而圆则是由曲线围成的图形，那么如何利用这些方法来推导出圆面积的计算公式呢？

[引入 5]（刘凌芳，1999）

（1）电脑演示：用一根绳子把羊拴到草地中的木桩上，羊走一圈。

（2）提问：看着这幅图，你想提出什么问题？羊吃到草的最大面积也就是求什么的面积？

（3）揭示课题：这个圆的面积是多少呢，大家想知道吗？今天我们就来学习"圆面积计算"。（板书）

（4）提问：看着这个课题你想提出什么问题？（学生提问，第一个问题：什么叫圆的面积？第二个问题：怎样求圆的面积？……）

> **思考**
>
> 归纳"圆的面积"一课，主要有哪几种引入方式？你比较欣赏哪一种？为什么？

以上五个引入片段，从情境角度可以分为两类——从现实生活情境引入和从数学内部知识引入。从学生原有生活经验导入，容易激发学生的学习兴趣，激起学生的好奇心和求知欲，更容易投入新课的学习中。如引入5创设了"羊吃到草的最大面积"这一具体的、有趣味的、富有挑战性的素材引导学生投入数学活动，动态演示激发学生的求知欲，引发学生对圆面积的关注。更为本质的是，这一问题情境便于揭示圆形地面的大小取决于绳子的长短，从而使学生自己抽象出"圆面积的大小是由圆的半径决定的"这一结论。

从数学内部知识引入，有利于建立数学知识之间的联系，便于学生将所学的新知识与旧知识建立连接。引入1中，复习圆周长概念的同时引出圆面积的概念，对概念的本质属性进行比较教学，有利于学生正确理解和掌握圆面积概念。

引入2中，教师借助圆形实物，通过比较四个圆中面积最大与最小，直观地引出了圆面积的概念。对于学习能力较弱的学生，这无疑是一个比较低的脚手架。同时，我们认为引入环节中的教师追问，有利于引发学生思考"圆的面积与什么有关？"，为后续研究奠定基础。

引入3和引入4有一个共同的特点，就是通过复习已学过平面图形的面积公式推导方法，将新旧知识建立联系，渗透转化思想，为学生顺利开展圆面积计算公式的探究活动提供方法支撑。如引入 3，教师利用现代教育技术手段，通过幻灯片动态演示，重现了平行四边形推导面积公式的过程，强化转化思想，为本节课的研究方法奠定基石。而引入 4，教师一连提出了4 个问题，层层追问，抽丝剥茧，引导学生思考：圆面积作为一个曲边图形，如何借助切割和割补等方法转化成已有知识，推导面积公式？从数学内部引入新课，开门见山，因此在占用课堂的教学时间上会比联系生活实际的导入更少，也就是课堂教学效率更高。这样的导入方式，更适合年级略高、学生具有一定的数学知识储备、同时课堂教学内容容量相对较大的课堂。

以上引入方式各有自己的特点，如何设计引入方式不但与教学目标相关，而且还与后面的教学过程如何安排紧密相关。我们应该根据自己课的特点，确定课的引入方式。

⊕ **如何定义概念？**

理解并掌握圆面积的定义，是探究面积计算公式的重要基础。为此，我们查阅了相关教学设计，归纳起来主要有两种方式。

［定义方式 1］（王九红，1999）

出示三个图形：

师：什么叫面积？你能指出以上三个图形的面积吗？

师（摸圆）：这是谁的面积？……这就是圆的面积，这节课就来研究有关圆面积的知识。

［定义方式 2］（王笑慰，1999）

师：同学们，前面我们已经认识了圆，那么圆一周的长度叫做什么？（圆的周长）

师：圆所占平面的大小又叫做圆的什么？（圆的面积）

师：今天我们就一起来研究圆的面积。

在"圆的面积"一课教学之前，学生已经理解了"面积"的概念，经历了直边图形面积计算公式的探究过程，掌握了"圆"的特征，明确了"圆周长"的概念及计算方法。因此，大部分教师采用了回顾复习的方式，引导学生掌握圆面积的定义。如方式 1 中，王九红老师出示三个平面图形，通过复习两个直边图形的面积，引出圆面积的定义，并用摸圆的动作演示，帮助学生理解。而方式 2 中，王笑慰老师借助复习圆周长的定义，通过对比教学，明确圆面积的定义是"圆所占平面的大小"，从而区分周长和面积的异同。

⊕ 怎样引导学生探究计算公式？

（1）对猜想圆面积的设计

在推导圆面积计算公式之前，让学生大致估计圆面积的大小，猜测圆面积与半径的关系，体会到将圆剪开成等份小扇形推导的必要性十分重要。对于如何让学生估计与猜测有不同的处理方法，我们对此进行了整理、比较研究。

［片段 1］（刘凌芳，1999）

师：我们先来猜一猜圆面积大约在什么范围？请看大屏幕，边观察，边猜想。（电脑演示）

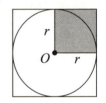

师（提问）：这个小正方形的面积是多少？（r^2）这个大正方形的面积是多少？（$4r^2$）猜一猜圆面积大约在什么范围？（圆面积 $< 4r^2$）

师：比 $4r^2$ 小一点，那到底是多少呢？大家想知道吗？现在我们就来探讨如何解决这个问题。

［片段 2］（杨秀莉 等，2001）

用边长等于半径的小正方形透明塑料片，直接度量圆面积。观察后得出圆面积比 4 个小正方形小，好像又比 3 个小正方形大一些。初步猜想：圆的面积相当于 r^2 的 3 倍多一些。那么圆的面积到底是多少？

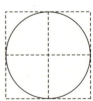

由此看出，要求圆的精确面积通过度量是无法得出的。我们在学习推导几何图形的面积公式时，总是把新的图形经过分割、拼合等方法，将它们转化成我们熟悉的图形，今天我们能不能也用这样的方法推导出圆面积的计算公式呢？

　　我们通读了一百多篇教学设计，在圆面积计算公式推导前，对面积进行估计与猜测的环节非常少见，而且多数出现在2000年以后的设计中。这样的编排，有利于引导学生体会圆面积与正方形面积的倍数关系就是，圆面积与它的半径平方的倍数关系，培养估计意识。我们认为在圆面积计算公式推导前，借助直观图表，设计"估计圆的面积的大小；思考圆的面积与什么有关以及有什么关系"的环节，使学生感受"化曲为直"的思想，利用圆内接和外切正方形估计面积。这样既有利于学生对圆面积与半径关系的理解，得出圆面积的取值范围，又渗透了用逼近思想探究圆面积计算公式的方法，体现了极限的思想。因此，这一环节的设计与编排十分有必要。片段中具有探索性的设问，使学生产生悬念，引人深思，为进一步探究圆面积计算公式指明方向。

　　（2）对推导圆面积计算公式的设计

　　圆面积计算公式的推导方法有多种，在已有的教学设计中，一共呈现了几种方法？它们分别是怎样设计的？我们选取了以下片段进行比较研究。

　　［片段1］（王蕾，1997）

　　①割补图形

　　a. 把圆面8等分，再拼接起来

　　提问：拼接成的图形像个什么图形？把圆8等分时，拼接成的图形的边不是直的。像这种情况，我们说它是个近似的长方形。（板书）

等分份数	边	图 形
8	波浪形	近似

　　刚才把这个圆面等分成8份，圆周也就被等分成了8份，因为分得份数比较少，所以每段弧比较长，弯度比较大。请想想：如果把圆面等分的份数再多一点，比如分成16等份，这时每段弧就会变得怎样？这个图形会不会更近似长方形呢？

b. 把圆面 16 等分，再拼接起来

先演示，后观察。提问：16 等分的圆面拼接后的图形与 8 等分的圆面拼接后的图形相比，边有什么变化？（板书）

等分份数	边	图　形
16	较直	更近似

怎样才能使这个图形的边更直，拼接后的图形更像长方形呢？

c. 把圆面 32 等分，再拼接起来

32 等分的圆面拼接后的图形边更直，更像长方形。（板书）

等分份数	边	图　形
32	更直	非常近似

d. 回顾前面研究的三种情况

提问：对比三种等分拼接后的图形，发现了什么？（板书）

把圆面等分的份数越多，割补后的图形的边就越直，图形越近似长方形。如果把圆面等分成 64 份、128 份、256 份……分的份数这样两倍、两倍地递增下去，割补后的图形会变成什么？

等分份数	边	图　形
8	波浪形	近似
16	较直	更近似
32	更直	非常近似
……	……	……

②推导公式

a. 圆转化成长方形，近似长方形的长相当于圆的哪一部分？宽相当于圆的哪一部分？

长方形的面积 = 长 × 高

圆的面积 = $\dfrac{C}{2} \times r$

$$= \pi r \times r$$
$$= \pi r^2$$

b. 学生动手操作，推导公式

提问：大家想一想，你能不能把圆面积拼成近似的平行四边形推导出圆面积的计算公式呢？

[片段2]（王念利，2004）

每位学生用手中的圆和剪刀来剪拼成已学过的图形。

①教师及时问：你觉得将圆转化为这些已学过的图形，最大的困难在哪里？那怎么办？

②让学生观察一组图，看看从中能不能得到什么启示。

电脑逐一演示：

先将圆平均分成4份，再连在一起。

再将圆平均分成8份，然后连在一起。

最后将圆平均分成16份，然后再连在一起。

③请学生观察右图中剪拼后图形的边线，看看有什么变化，并说说自己的发现。（越来越平直）

照这样再继续分下去……这条线就变成了一条什么线？（线段）

④学生再次尝试，分小组合作。

请学生拿出另一张圆片，沿图上的半径把它平均分成16份，然后拼成近似的三角形、平行四边形、长方形和梯形。

⑤学生活动，并尝试推导圆面积计算公式。

[片段3]（杨秀莉 等，2001）

①学生分别把16等份和32等份的圆形剪开，拼成两个近似长方形，探索圆面积计算公式推导。（略）

②把圆16等分后拼接成近似的平行四边形，平行四边形的底相当于圆周长的四分之一，高相当于圆半径 r 的2倍，所以圆面积 = πr^2。

③把圆16等分后拼接成近似的三角形，三角形的底相当于圆周长的四分之一，高相当于圆半径的4倍，所以圆面积

$= \pi r^2$。

④把圆 16 等分后拼接成近似的梯形，梯形的上底、下底的和相当于圆周长的二分之一，高相当于圆半径的 2 倍，所以圆面积 $= \pi r^2$。

［片段 4］（杨兴放，2001）

①折：将一张纸对折，再对折，然后沿两次对折后的直角的角平分线对折。

②剪：沿虚线（正面是等腰三角形）剪下。（如下图）

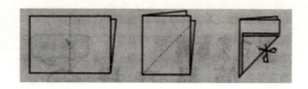

③重复以上步骤，每次多折一次，分别得到以下三个图形，打开后如下图。

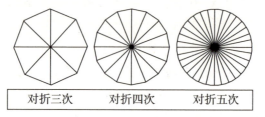

对折三次	对折四次	对折五次

④观察、比较。如果折叠的次数越多，每个小三角形也就会越小，组成的图形就会越接近圆。

⑤计算每一个小三角形的面积，相加即可得到圆的面积。

思考

> 在以上这些教学片段中，你比较喜欢哪一种研究方式？你认为推导圆面积计算公式一般可以采用哪些不同的方法？

以上四个教学片段共呈现了五种推导圆面积的方法。每种方法都用了转化的思想，将圆进行剪拼；都是把一个未知的、尚未建立它的面积公式的圆，转化成为一个已经能求出面积的基本图形。不同的推导思路，多种解决问题的策略，都是基于"化曲为直"、变"有限"为"无限"的思考。

根据所查阅的近百个"圆的面积"教学设计,绝大多数是将圆剪拼成长方形来推导。如片段1和片段2中都是先将圆等分后转化成长方形来推导圆面积。这种方法成为教师设计的首选,原因在于图形剪拼容易操作、方法简单,圆面积转化后的各部分名称与近似长方形对应关系明确,而且长方形的面积计算是各类图形面积计算的基础和逻辑原点。

在前文关于20世纪八九十年代教学目标表述中,曾经提及本节课的教学难点:极限思想的渗透与公式的推导。那么,如何让学生感悟"无限逼近"和"等积变形"的含义?如何渗透转化、极限、守恒等数学思想方法?片段1是个较好的案例。王蕾老师逐一呈现圆面8等分、16等分、32等分后拼接成的长方形,分别比较拼接后长方形的边——由波浪形转变到较直、更直;比较拼接后长方形的图形——由近似转变到更近似、非常近似……继而让学生想象"如果把圆面等分成64份、128份、256份……分的份数这样两倍、两倍地递增下去,割补后的图形会变成什么?",让学生想象一个"曲边图形"转化成"直边图形"的过程。

片段2的设计与片段1非常相似,教师借助电脑课件演示,让学生通过观察、比较、感知"圆分的份数越多,拼成的图形边线越接近一条线段……",尤其是图文结合的呈现方式,有利于学生理解极限思想。但在此片段中,也存在一些问题,如教师的设想是让学生"尝试",而在实际教学中学生并没有实现真正意义上的动手实践,只是在教师指令性要求下的观看。我们常说"不要以成人的思维代替儿童的思维",但当我们不自觉地告知学生如何操作、如何推导时,这种"尝试"还能含有多大的数学思维含量?因此,我们建议将片段2中的"观看"转变为学生的亲身体验,让他们经历动手操作,在剪剪拼拼、想想说说的过程中,感悟化曲为直和极限的思想。

也有教师认为"弄清圆转化后的近似图形之间的关系"是本节课的教学重点(详见前文关于2001年以后教学目标表述中"教学目标2")。关于这一点,片段3给出了较好的展示。杨秀莉老师先指导学生探究圆面16等分拼接成长方形的公式推导过程,继而放手让学生自己研究转化成平行四边形、三角形和梯形进行公式推导。我们认为,由于圆面积计算公式推导的特殊性,先呈现一种主要推导方法,指向性强,目标明确,便于教师教、学生学。而后呈现多种方法,可以丰富课程资源,为解题策略多样化提供可能。这种处理方式既照顾到多数学生的可接受程度，又为学习能力强的学生提供了广阔的数学思维空间。值得注意的是，对学生而言并不是每一种方法都需要掌握，重要的是经历探索圆面积计算公式的推导过程，进行有效的思考，体验转化的数学方法，感悟极限思想。

俗话说，"没有规矩不成方圆"，而通过折叠剪圆的方法由"方"到"圆"，是研究圆面积计算公式的另一角度。在片段 4 中，教师引导学生分三次折叠正方形纸片，并引导学生观察比较后得出：折叠三次，可以剪出由 8 个同样的小三角形组成的图形，形状像圆；折叠四次，可以剪出由 16 个同样的小三角形组成的图形，形状近似圆；折叠五次，可以剪出由 32 个同样的小三角形组成的图形，形状几乎就是圆。在折、剪、展开、观察、比较的一系列活动中，渗透极限思想，经历探索圆面积计算公式的推导过程。

⊕ **安排了哪些练习题？**

通读一百多篇教学设计，圆面积计算公式推导后，都安排了一定量的练习题，试图通过各种形式的练习，帮助学生掌握圆面积计算公式，解决实际问题。这些练习题主要可分为三个层次：基础题（直接给出条件，计算圆面积题）；综合题（间接给出条件，正向或逆向应用圆面积计算公式，解决现实问题）；拓展题（应用等级变换的方法，求有关圆形的组合图形面积）。第一层次的练习设计比较普遍，这里不再展开。以下是我们整理的第二、三层次的练习设计，与大家分享。

［练习 1］（隋鑫，1996）

①从学具袋中拿出一个黄色的圆片，求出它的面积。（注：将学生分成三组，每组圆的大小相同，分别是半径为 2 厘米、3 厘米、4 厘米的圆）

a. 观察这三个圆，思考：圆的大小和什么有关？有什么样的关系？

b. 第三个圆的半径是第一个圆的半径的 2 倍，那么大圆的面积是小圆面积的几倍？（为什么是 4 倍而不是 2 倍？）

c. 追问：当大圆的半径是小圆半径的 3 倍，大圆的面积是小圆面积的几倍？

②一个圆片（没有任何基本信息），怎样求面积？看谁的方法多？

a. 对折：找直径。

b. 再折：找半径。

c. 将圆片在直尺上滚动一周，通过周长求圆面积。

练习1中，隋鑫老师让学生分组计算三个半径为2、3、4厘米的圆片面积，然后观察计算的结果，并思考"圆的大小和什么有关？有什么样的关系？"，旨在引导学生掌握半径的平方与面积大小的内在联系。通过练习，让学生理解半径的长短决定圆的大小；当圆半径是小圆半径的倍数时，大圆的面积就是小圆面积的半径倍数的平方。这一变式练习的设计充分挖掘了习题中的教学资源，既能巩固学生应用圆面积公式计算的能力，又拓展了半径与圆面积的关系。第二题的设计意图是让学生明确没有标明数据的圆片求面积，可以通过它各部分与圆面积的关系来解决问题，如利用直径、半径或圆周。学生在尝试研究的过程中，灵活应用圆的相关知识，拓宽了思维，提升了数学思考力。这是一个非常有创意的变式练习，值得借鉴。

［练习2］（沈丹丹，1997）

如图，有大小两个圆，半径分别为4厘米、3厘米，大圆比小圆的明亮部分（非阴影部分）大多少平方厘米？

外离　　　初亏（相交）　　食（内切、同心）　　生光（相交）　　复圆（外切）

两圆的位置关系，虽然不是小学数学教学内容，但沈丹丹老师巧妙地将"月食"这一天文现象与有关圆的组合图形面积练习结合在一起，既增强了趣味性又具有挑战性。在实践过程中，学生发现"月食"问题实质是求两圆的面积差，解答是如此的简单。可以说，这一练习的设计具有较高的思考性，对圆的面积知识的巩固与拓展有较好的价值。

［练习3］（雷玲，2007）

①分别计算半径为3厘米和直径为4厘米的两个圆的面积。把两个圆合并，会计算阴影部分的面积吗？

a. 出现圆环的图片，探索圆环面积计算方法。

生1：大圆面积 − 小圆面积 = 圆环面积，即

$3.14 \times 3^2 - 3.14 \times 2^2 = 15.7$（平方厘米）

生2：直接用圆环面积计算：

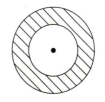

$3.14 \times (3^2 - 2^2) = 15.7$（平方厘米）

比较两种方法中，哪种最为简单？为什么？

b. 出现小圆在大圆中的其他图形，计算阴影面积。

通过计算得出结论：只要小圆在大圆里面，无论小圆的位置怎样改变，阴影部分的形状虽然有变化，但大小不变。

c. 如果两个圆交叉放，这时有甲、乙两个阴影，它们的面积相差多少？

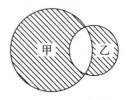

小组合作，计算面积差，并研究用什么方法来证明。

②有三个相同的圆，半径为2厘米，连接三个圆心，求三个阴影部分面积的和是多少？

用转化的方法把三个阴影通过移动，组合成一个半圆，计算阴影部分的面积。

③观察下图，有4个相同的圆，半径都是2厘米，你能提出哪些问题？应该怎样解答？

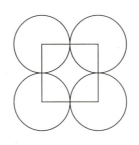

生1：正方形内4个扇形的面积和是多少？

生2：中间图形的面积是多少？

生3：正方形外面4个扇形的面积总和是多少？

......

在以上片段中，雷玲老师以圆的组合、变化为主线，设计了一系列由易到难的变式题组。第一题，通过两圆的移动、变换和组合，将同一学习素材尽可能大地发挥教学价值，在学生追求解决问题策略多样化的同时，提炼概括圆环面积计算方法。在解决问题的过程中，让学生体验到"最后的答案并不是最重要的，重要的是经历解决问题的过程和数学思想方法"。这组变式练习打破了学生的思维定式，训练了学生灵活解题的能力。第二题，巧妙引导学生关注圆的面积与圆心角之间的关系，探究扇形面积计算方法。小学阶段只要求认识扇形，而计算扇形的面积并不是小学数学的教学内容。但是在雷老师设计的练习中，巧妙地应用等边三角形的特征，将三个扇形转化成一个半圆，继而求出阴影部分面积。在学生交流算法的同时，引导学生观察每个扇形的圆心角与扇形面积之间的关系，顺理成章得出扇形面积的计算方法。这样的设计拓宽了思维，提高了学生灵活应用知识的能力。第三题，雷老师创设了开放式的探究活动——先让学生观察图形，然后提出数学问题并解决。这很好地培养了学生发现问题、提出问题、分析问题、解决问题的能力。此外，整组练习由两个圆引入，发展到三个圆、四个圆，题材简洁但有深度。这样既巩固了圆面积计算的基础知识，又训练了学生的思维；既发展了能力，又培养了兴趣，很好地达到了三维教学目标。

[练习4]（张天孝，2010）

①在下面的正方形内作出面积最大的圆。圆的面积与正方形的面积有什么关系？填写下表，你发现了什么规律？

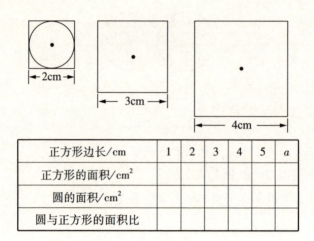

正方形边长/cm	1	2	3	4	5	a
正方形的面积/cm²						
圆的面积/cm²						
圆与正方形的面积比						

②圆内画正方形。圆的面积与正方形的面积有什么关系？填写下表，你发现了什么规律？

4.圆内画正方形。

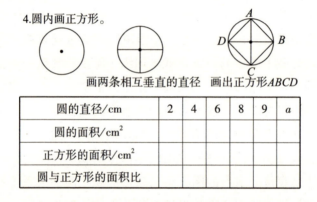

画两条相互垂直的直径　画出正方形ABCD

圆的直径/cm	2	4	6	8	9	a
圆的面积/cm²						
正方形的面积/cm²						
圆与正方形的面积比						

③想一想，算一算。大正方形内有一个小正方形，大正方形面积与小正方形面积比是多少？

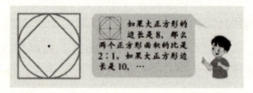

如果大正方形的边长是8，那么两个正方形面积的比是2：1，如果大正方形边长是10，…

正方形是特殊的正多边形，它与圆有类似的性质。任何一圆都有内接正方形和外切正方形，研究两者之间的关系，既可以理解圆和正方形各部分的对应关系，又可以渗透"当圆内接或外切正多边形的边数无限递增时，它的面积无限逼近圆的面积"的极限思想。

5.3 同课异构教学设计

"同课异构"指的是对同一节课的内容（都是"圆的面积"这个内容），根据对教学目标、教材理解和教学方法的不同解读，设计不同教学结构的课。同课异构课堂教学，强调"同中求异、异中求同"，即"圆的面积"的教学设计可以有不同的教学目标和教学环节，也可以有相同的教学目标但不同的教学结构。在同课异构的比较中，领略不同的教学目标、教学结构、教学策略所产生的不同效果，并由此打开教师的教学思路，彰显教师的教学个性。因此，对"圆的面积"一课采用同课异构的方式展开教学实践研究，是十分有意义的。

> **思考**
>
> 对"圆的面积"一课开展同课异构的研究，你认为可以从哪些不同侧面展开？它的教学价值是什么？

"圆的面积"是几何公式推导课，可以从几何思维水平、基本活动经验、合作交流表达等侧面展开教学。下文，我们将呈现三份不同的教学设计。第一份教学设计是依据范希尔理论的核心内容——几何思维水平展开，重点是培养并发展学生的几何思维。第二份教学设计侧重于学生经历数学公式推导过程，积累基本活动经验。第三份教学设计则突出了学生合作交流与表达能力的培养，重视几何语言的培养。

5.3.1 范希尔理论指导下的教学设计

> **思考**
>
> 什么是范希尔理论？如何理解并应用？

在有关学生几何概念发展与学习的研究中，范希尔夫妇的几何思维水平体系是最具有影响的理论之一，也被称为"范希尔理论"。它的核心内容有两个：一是几何思维的五个水平；二是与之相对应的五个教学阶段。（鲍建生，2009）前者既可用于诊断学生的几何思维水平，又可用于几何教学的活动设计。

⊕ **什么是范希尔几何思维水平？**

根据伯格（W. Buger）和绍格尼斯（W. Shaughnessy）的介绍，范希尔理论的五个几何思维水平特征分别描述如下。

层次 0：视觉（visuality）。儿童通过整体轮廓辨认图形，并能操作其几何构图元素；能画图或仿画图形，使用标准或不标准名称描述几何图形；能根据对形状的操作解决几何问题，但无法使用图形的特征或要素名称来分析图形，也无法对图形做概括的论述。

层次 1：分析（analysis）。儿童能分析图形的组成要素及特征，并依此建立图形的特征，利用这些特性解决几何问题，但无法解释性质间的关系，也无法了解图形的定义；能够根据组成要素比较两个形体，利用某一性质做图形的分类，但无法解释图形某些性质之间的联系，也无法推导出公式和使用正式的定义。

层次 2：非形式化的演绎（informal deduction）。儿童能建立图形及图形性质之间的关系，可以提出非形式化的推论，了解建构图形的要素，能进一步探求图形的内在属性和其包含的关系，使用公式与定义及发现的性质做演绎推论。但他们不能了解证明与定理的重要性，不能由不熟悉的前提去证明结果的成立，也不能建立定理网络之间的内在关系。

层次 3：形式的演绎（formal deduction）。学生可以了解到证明的重要性和了解"不定义元素"、"公理"、"定理"的意义，确信几何定理是需要形式逻辑推演才能建立的，理解解决几何问题必须具备充分或必要的条件；能猜测并尝试用演绎的方式证实其猜测，能够以逻辑推理解释几何学中的公理、定义、定理等，也能推理出新的定理，建立定理间的关系网络，能比较一个定理的不同证明方式；能理解证明中的必要与充分条件。

层次 4：严密性（rigior）。能在不同的公理系统下严谨地建立定理，以分析比较不同的几何系统。

到了 20 世纪 80 年代，范希尔夫妇又把五个思维水平合并为三个：

直观水平（visual level）——整体认识几何对象。

描述水平（descriptive level）——通过几何性质认识几何对象。

理论水平（theoretical level）——利用演绎推理证明几何关系。

从教学实际的角度，几何思维水平的上述两种界定并没有本质的区别。实际上，在五个水平的分类中，主要的仍然是中间的三个思维水平。

⊕ **如何体现在几何教学阶段？**

范希尔夫妇认为，各水平间的学习成长历程，主要来自教学的组织与方法以及教材的选择与使用方面。因此，从某一个水平过渡到下一个水平，教学活动扮演着极其重要的角色。对应于几何思维的五种水平，范希尔夫妇提出了五个教学阶段，并给出了详细的说明。这一教学序列既适用于教师的直接教学，也适用于学生不依赖教师的独立学习。

阶段 1：学前咨询（information）。教师和学生就学习对象进行双向讨论：教师了解学生如何理解指导语，并且帮助学生理解要学习的课题；学生提出问题，对课题的对象和运用的词汇做出观察，确定下一步的学习。

阶段 2：引导定向（guided orientation）。教师为学生仔细安排活动顺序，使学生认识到学习进行的方向，逐渐熟悉这一结构的特性。在这个阶段中，许多活动都是引起一个特定反应的一步作业。

阶段 3：阐明（explication）。通过前面的经验和教师最低程度的提示，学生明确了词汇的意义，从而表达自己对内在结构的看法。通过这一阶段，学生开始形成学习的关系系统。范希尔指出，在这个阶段的过程中，经验的获得取决于正确的语言符号和学生们在课堂上对所观察到的结论的讨论，教师只需注意这些讨论所使用的习惯措辞。

阶段 4：自由定向（free orientation）。在这个阶段，学生碰到多步作业或以不同方式完成的作业。在寻找方法和解决问题的过程中，学生获得经验，通过自己确定学习领域的方向，他们对学习对象之间的关系越来越明确。范希尔认为，这个阶段是自由探索，探索的范围是大多数学生知道的，但学生仍需要迅速地找到方向。

阶段 5：整合（integration）。学生回顾自己所用的方法并形成一种观点，对象和关系被统一并内化进一个新的思维领域。教师对学生的理解进行全面的评述，帮助学生完成这一过程。

利用上述的五个教学过程，结合思维水平的界定和划分，可以设计"圆的面积"教学流程。

> 思 考
>
> 根据范希尔理论如何设计"圆的面积"的教学环节呢?

⊕ 教学设计示例

[教材地位]

"圆的面积"是学生在学习了常见的直边图形的基础上，学习曲边图形的开始。这对小学生来说，是认识上的一个"关键点"。掌握"圆的面积"的知识不仅能用来解决一些简单的实际问题，同时也为学习圆柱体、圆锥体等知识打下基础。明确本节课在小学几何教学中承前启后的地位，有利于学生建立圆各部分的名称和意义，有利于深刻理解圆面积计算公式的推导方法，并能将平面研究的方法推广到空间。

[学情分析]

"圆的面积"教学属于实验几何。在运用实验演示的方法推导圆面积计算公式时，首先要使学生确信割补后所拼成的近似长方形的面积与原来圆的面积相等，这就要在教学时提醒学生留意在"割"、"补"的过程中，原来的圆面积有没有增加或减少。其次要让学生真正意识到"等分的份数越多，拼成的图形越接近于长方形"。有部分学生由于缺乏这方面的认识，总觉得圆的面积只能割补成近似的长方形，由此得出的 $S = \pi r^2$ 只是一个近似的公式。介于此，教学时应避免只出现一个 16 等分的圆，而应采用逐步递增的方法进行割补，可以先出现 4 等分，再出现 8 等分、16 等分、32 等分……每分割一次，就拼补一次。如此逐步演示，随着份数的增加，就能使学生获得拼补成的图形越来越逼近长方形的印象。此时，再启发学生想象，当把圆分割成无数等份时，它所拼成的图形就和长方形一样了。这样，就比较自然地渗透了极限思想，同时也避免产生"近似公式"的错误观念。

[教学目标]

①知识技能目标：建立正确的圆面积的概念；掌握圆面积的计算公式并能正确计算；能运用公式解决实际问题。

②过程方法目标：通过观察、猜想、操作、验证、讨论、归纳，经历并理解圆面积计算公式的推导过程；进一步体会转化方法的价值，渗透极限思想；在数学活动中培养比较、分析、概括能力，发展空间观念。

③情感态度目标：积极参与数学活动，有好奇心和求知欲；在探索圆面积计算公式的过程中，养成独立思考、合作交流、反思质疑的学习习惯。

［教学重点和难点］

圆面积计算公式的推导。

［教具准备］

课件、圆片、剪刀、胶水、展示板、用于圆面积计算公式推导的练习纸等。

［教学过程］

☆学前咨询阶段

（1）创设情境，提出问题

①课件演示：草坪上有一木桩，一根绳子拴着羊绕着木桩吃草。（如图5-1）

图5-1

师：你看到了什么？能提出数学问题吗？

学生可能的回答：看到羊正围绕着木桩吃草，我提出的数学问题是：羊能吃到草的最大面积是多少？

②了解学情：羊能吃到草的最大面积也就是圆面积。对于圆面积，你知道哪些知识？

学生可能的回答1：圆面积就是圆的大小。

学生可能的回答2：圆面积就是圆里面区域的大小。

学生可能的回答 3：圆面积等于 πr^2。

③揭示课题：今天这节课我们就一起来研究"圆的面积"。

（2）猜想圆面积与什么有关，感知圆面积的取值范围

①猜想：圆面积的大小与什么有关？

学生可能的回答 1：圆面积的大小与它的直径有关。

学生可能的回答 2：圆面积的大小与它的周长有关。

学生可能的回答 3：圆面积的大小与它的半径有关。

②课件演示：正方形和它里面最大的圆（如图 5-2）。

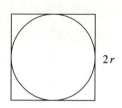

师：圆面积与正方形面积的大小关系是什么？

学生可能的回答 1：正方形面积比圆面积大。

学生可能的回答 2：正方形面积是 $(2r)^2 = 4r^2$。

学生可能的回答 3：圆面积比正方形面积小，也就是小于 $4r^2$。

图 5-2

③课件演示：圆里面最大的正方形（如图 5-3）。

师：圆面积与小正方形面积的大小关系是什么？

学生可能的回答 1：小正方形的面积是 $2r^2$。

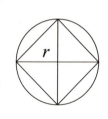

学生可能的回答 2：圆的面积比小正方形的面积大，所以圆面积大于 $2r^2$。

④探究圆面积的大小范围。

图 5-3

师：比较两幅图，想一想圆面积的大小范围。

学生可能的回答 1：圆面积大于小正方形面积，小于大正方形面积。

学生可能的回答 2：圆面积大于 $2r^2$，小于 $4r^2$。

⑤猜想圆面积与什么有关。

学生可能的回答：圆面积与半径有关。

[设计意图：学前咨询阶段主要想借助生活情境引出学习内容，并引导学生提出问题。现实情境既体现了数学源于生活的基本理念，能激发学生的学习兴趣，又能在动态演示的过程中，具体直观地展示圆面形成的过程，帮助学生理解圆面积的概念。当学生提出问题时，教师要关注问题与本节课内容之间的联系，要引导学生提出有价值的数学问题。在猜测圆面积与什么有关及圆面积与正方形的大小关系时，让学生通过课件动态演示，让

学生通过对整体轮廓的视觉感知，描述对象之间的大小关系并解决问题。同时这一阶段使用的词汇和术语是相当重要的，它能反映出学生对该内容的了解情况，即已有的知识经验。]

☆引导定向阶段

（1）体会"转化"思想，明确研究方法

①提出问题：

师：我们是怎样研究长方形、平行四边形、三角形和梯形的面积公式的？

学生可能的回答1：我们是通过割补的方法。

学生可能的回答2：我们是把平行四边形沿着高剪下来一个三角形，再把三角形拼到另一边，转化成一个长方形，然后得出面积公式的。

……

学生回忆，教师选择平行四边形，课件演示推导过程。

师：当我们要解决一个新问题时，可以先将这个新问题转化成一个已经学过的知识，然后来寻求新的解决方法。

②提出问题：计算圆的面积也能像这些图形那样，通过转化获得吗？

师（出示一个圆片）：老师这里有一个圆，怎样转化成已经学过的图形呢？

学生可能的回答1：把它分成几等份，然后剪下来拼图形。

学生可能的回答2：比如把它平均分成4等份，剪下来后再拼图形。

师：演示将一个圆平均分成4等份，拼成了一个近似长方形。

4
等
分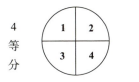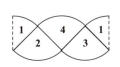

图5-4

师（引导观察）：这个长方形的底边还比较弯曲，你有办法让它变得直一些吗？可以在四人小组讨论和操作。

师（指导学生活动）：想一想，你们打算把圆平均分成几等份？拼一拼，可以把圆拼成什么图形？

教师巡回指导，收集教学资源。

（2）观察比较不同等份图，渗透"极限"思想

①交流学生操作结果。（根据观察结果，有序地呈现图 5 – 5、图 5 – 6）

8 等分
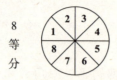
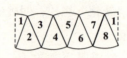

图 5 – 5

第一组：将圆 8 等分，拼成一个近似长方形。

第二组：将圆 16 等分，拼成一个近似长方形。

16 等分

图 5 – 6

师：观察老师剪拼的图形与同学们操作剪拼的图形，有什么相同点和不同点？

学生可能的回答 1：相同点是都是把圆平均分成了几等份，然后用转化的方法拼成了长方形。

学生可能的回答 2：相同点是都拼成了长方形，不同点是等分的份数不一样。

师：等分的份数不一样，拼成的图形有什么区别？

学生可能的回答：等分的份数多，长方形的长就比较平。

师：想象一下，如果等分的份数越来越多，长方形的长会怎样？剪拼后的图形会怎样？

②课件演示：圆 32 等分、64 等分、128 等分（如图 5 – 7）。

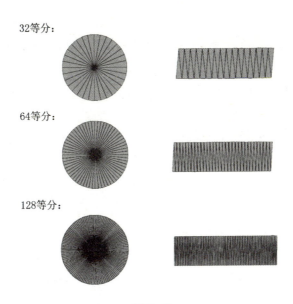

图 5 – 7

师：你发现了什么？

学生可能的回答 1：哇！越来越接近长方形啦！

学生可能的回答 2：圆等分的份数越来越多，分得越来越密，拼成的长方形的边就越来越直。

学生可能的回答 3：圆等分的份数越来越多，就越来越接近长方形。

学生可能的回答 4：圆等分的份数越来越多，就越来越接近长方形。圆的面积就等于长方形的面积。

师：当把圆等分成无数等份时，拼成的图形的面积就与长方形的面积一样了。所以我们可以将圆转化成长方形来计算面积。

[设计意图：引导定向阶段主要表现在教师为学生仔细安排了数学活动的顺序。首先，回忆已经学过的推导直边图形面积计算的方法，体会到转化思想的价值，同时使学生明确学习进行的方向。其次，安排了动手操作活动，有序呈现 4 等分、8 等分、16 等分的剪拼图形，让学生逐渐熟悉知识的结构特性，了解圆剪切可以拼成近似长方形。进而在观察比较的基础上提出新的问题——怎样才能使剪拼的图形更接近长方形？最后，借助计算机辅助教学，动态演示圆 32 等分、64 等分、128 等分后的剪拼图形，造成视觉冲击。引导学生得出圆等分的份数越多，拼成的图形越逼近长方形。

当圆无数等分时，拼成的图形就是长方形，圆的面积就等于长方形的面积，从而在渗透极限思想的同时，消除"近似公式"的错误观念。在这个阶段，所有的数学活动都是为了引起学生的特定反应——利用转化的思想可以探究圆面积计算方法。]

☆ **阐明阶段**

比较、分析、概括，推导圆面积计算公式

①师：观察圆与剪拼成的长方形，它们之间有什么关系？（如图 5-8）

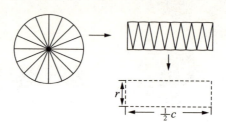

图 5-8

学生可能的回答 1：长方形的长相当于圆周长的一半，长方形的宽相当于圆的半径。

学生可能的回答 2：长方形的面积相当于圆的面积。

学生可能的回答 3：可以用这个长方形的面积计算公式得出圆面积计算的方法。

② 面积公式的概括。

师：我们知道长方形面积＝长×宽，你能推导出圆面积计算公式吗？

师生合作，板书演示如下。

长方形的面积 ＝ 　　长　　×　　宽

　　　　　　　　　　↓　　　　　↓

圆 的 面 积　＝ $\frac{1}{2}$ 周长　×　半径

　　　　　　 ＝ $\frac{1}{2} C$　　×　　r

　　　　　　 ＝ $\frac{1}{2} \times 2\pi r$ × 　r

　　　　　　 ＝ πr^2

③师（小结）：我们是怎样获得圆面积计算公式的？

[设计意图：在前面的学习过程中，学生已经在教师的引导下获得了初步的经验，明确了探究圆面积的方向，也表达了自己对内在知识结构的看法。在阐明阶段，学生将开始形成学习的关系系统，即圆与长方形内在的关系。在这个阶段，学生通过语言的表述对圆与长方形各部分对应关系的讨论与概括，逐步经历了圆面积计算方法的推导过程，形成了完整的面积公式。公式的概括是学生学习的难点，教师要注意引导学生用规范的数学语言进行表述，同时要注意板书推导的过程，让学生明晰公式的来源。]

☆自由定向阶段

应用公式，解决问题

① 独立完成练习纸上第 1~2 题。

a. 分别计算下列圆的面积。（如图 5-9，单位：厘米）

图 5-9

b. 公园草坪上有一个自动旋转的喷灌洒水装置（如图 5-10），已知它的射程是 10m，它的最大洒水面积是多少平方米？

学生反馈。

图 5-10

②讨论圆环的面积计算方法。

课件演示问题：有一个零件，内圆半径是 4 分米，外圆半径是 8 分米，中间环形的面积是多少？（如图 5-11）

师：求圆环的面积，你有什么方法？每个同学先独立思考，并在作业纸上写一写。

教师巡回指导，并收集教学资源。

师：完成的同学来交流一下。（有序呈现以下方法）

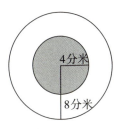

图 5-11

方法一：

大圆的面积 $= 8 \times 8 \times 3.14 = 64\pi = 200.96$（平方分米）

小圆的面积 $= 4 \times 4 \times 3.14 = 16\pi = 50.24$（平方分米）

所以，圆环的面积 $= 200.96 - 50.24 = 150.72$（平方分米）

方法二：

$$圆环的面积 = 8^2 \times 3.14 - 4^2 \times 3.14$$
$$= （8^2 - 4^2）\times 3.14$$
$$= 48 \times 3.14$$
$$= 150.72 \text{（平方分米）}$$

方法三：

$$圆环的面积 = （8^2 - 4^2）\times 3.14$$
$$= 48 \times 3.14$$
$$= 150.72 \text{（平方分米）}$$

师：比较以上三种方法，有什么相同与不同？

学生可能的回答 1：计算结果都相同。

学生可能的回答 2：都是用大圆的面积减去小圆的面积。

学生可能的回答 3：第三种方法最简便。

师：求圆环的面积，要用大圆半径的平方减小圆半径的平方再乘 π？

学生观察直观图，结合三种不同的方法理解意义。

师：圆环的面积可以怎样计算？

生：$S_{圆环} = （R^2 - r^2）\pi$。

[设计意图：在自由定向阶段，学生将应用学到的知识解决一些问题。首先是直接应用公式计算圆的面积，其次是解决生活实际问题，最后引出圆环面积的计算方法，让学生在独立思考的基础上用不同的方式进行解答，并在感受方法策略多样化的同时，适时引导学生比较多种方法的异同。这样，让学生在寻求方法和解决问题的过程中，获得解决圆环面积的经验，通过对比概括确定圆环的面积公式。这一阶段，同样是让学生自由探索新的知识，而探索的方法和范围是大多数学生都知道的。]

☆整合阶段

回顾与整理

① 师：今天我们一起研究了什么问题？

② 师：我们是怎样研究的？

③ 师：你还有什么问题？

④ 师：今天我们主要研究了将圆转化成长方形来推导面积公式。想一想，如果将等分后的圆转化成平行四边形、三角形或梯形，你能推导出圆的面积公式吗？请每个同学课外去尝试一下，下节课再来交流。

[设计意图：在课的最后，让学生安静地想一想，回顾自己学习的内容、使用的方法，有助于学生将所学的知识形成一种观点——研究未知的领域可以通过转化的思想，研究曲边图形可以借助直边图形……让学生将研究的对象与它们之间的关系统一内化成一个新的思维领域。在这个阶段，教师需要与学生一起做一个全面的评述，帮助学生形成完整的研究思路。此外，在研究的最后让学生反思研究的过程，想一想还有哪些问题，并布置了研究圆与其他直边图形的面积关系的课外作业，这既有利于巩固知识，培养学生科学、认真、严谨的研究态度，也有利于激发学生继续研究相关问题的兴趣。]

5.3.2 积累数学活动经验的教学设计

以往的数学课程，非常强调"双基"，要求学生有扎实的基础知识和熟练的基本技能。但只有这一些是不够的，所以 2011 版课标增加了两条，成为"四基"，表述为"基础知识、基本技能、基本思想、基本活动经验"。

> 思考
>
> 什么是数学活动经验？

⊕ 什么是数学活动经验？

使学生获得数学的基本活动经验，是数学课程的重要目标。那么，什么是数学活动经验？首先，"活动经验"与"活动"密不可分。这里所说的"活动"，既包括学生在课堂上学习数学时的探究性学习活动，也包括与数学课程相联系的学生实践活动。"活动"是一个过程，不但学习结果是课程目标，学习过程也是课程目标。其次，"活动经验"还与"经验"密不可分。学生要把活动中的经历、体会总结上升为"经验"——它既可以是活动当时的经验，也可以是延时反思的经验；既可以是学生自己摸索的经验，也可以是受别人启发得出的经验；既可以是从一次活动中得到的经验，也可以是从多次活动中相互比较得到的经验。应该注意的是，这些"经验"必须转化和建构为属于学生自己的东西，才可以认为学生获得了"活动经验"。同样，我们所说的"活动"也必须有明确的教学内涵和数学目的，体现数学的本质，这样才能称得上是"数学活动"。基于上述分析，我们认为：数学基本活动经验是学习主体通过亲身经历数学活动的过程所获得的具有个性特征的经验。

⊕ **如何积累数学活动经验？**

2011 版课标特别强调："数学活动经验的积累是提高学生数学素养的重要标志。帮助学生积累数学活动经验是数学教学的重要目标，是学生不断经历、体验各种数学活动过程的结果。"数学活动的形式有很多，如观察、比较、猜想、操作、验证、推理、交流、概括、反思、建构，等等。开展数学活动的目的是让学生经历过程，逐步达到对数学知识的意会、感悟，并积累起分析和解决问题的经验。而这些经验是教师没有办法"教"给学生的，它需要学生通过经历大量的数学活动逐步获得，在"做"中积累起来。在小学阶段，学生的年龄和认知特点决定了他们学习数学的很多时候需要借助一定的外部活动帮助理解。如"剪一剪"、"拼一拼"、"猜一猜"、"议一议"等活动，可以帮助学生从中获得丰富的经验。这种经验是教学的起点，而后再经历教师指导，自主探究、同伴交流的过程，内化为学生的数学素养。

⊕ **如何设计有效的数学活动？**

在学习过程中，学生并不是空容器，可以随意在里面装知识，学生已有的数学知识、学习活动的经验会对数学学习产生影响。因此，分析学生已有的数学活动经验与新知识之间的结合点，是设计有效数学活动的前提。什么才是"有效的数学活动"呢？根据上文，我们知道"活动"必须有明确的教学内涵和数学目的，体现数学的本质。所以，数学活动必须是"数学"的，动手实践、小组合作、同伴交流都只是形式上的保证，如何能够通过这项活动深化对数学的理解，掌握数学本质，进行实际的应用，这才是最重要的。如在探索圆面积计算公式时，设计一个数学活动，让学生通过自己的实践、猜想、验证，发现问题、研究问题和解决问题。在这个过程中，学生获得的不仅仅是转化方法，对圆面积计算公式的掌握，更重要的是积累如何去发现问题、研究问题和解决问题的经验。

⊕ **教学设计示例**

［教学目标］

①知识技能目标：建立正确的圆面积的概念；掌握圆面积计算公式并能正确计算；能运用公式解决实际问题。

②过程方法目标：通过观察、猜想、操作、验证、归纳等数学活动，经历五次圆面积的转化和推导过程，积累数学活动经验；在数学活动中培养比较、分析、概括能力，渗透极限思想，发展空间观念。

③情感态度目标：积极参与数学活动，有好奇心和求知欲；在探索圆面积计算公式的过程中，养成独立思考、合作交流、反思质疑的学习习惯。

［教学重点和难点］

圆面积计算公式的推导。

［教具准备］

课件、正方形纸片、圆片、剪刀、胶水、展示板、用于圆面积计算公式推导的练习纸等。

［教学过程］

（1）创设情境，提出问题

①剪一剪，想一想。一张正方形的纸，照这样对角折若干次，剪下一个三角形。展开后会是怎样一个图形？（教师动手折正方形演示，如图5－12）

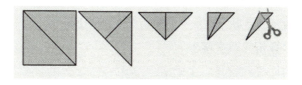

图 5－12

师：你想象并猜测一下，展开后会是什么图形？

学生可能的答案1：一个不规则图形。

学生可能的答案2：一个多边形。

学生可能的答案3：接近一个圆。

师：是这样吗？请同学们拿出一张正方形的纸，按照同样的方法折一折，剪一剪。

②活动：正方形纸对角折后剪下一个三角形。（同桌两人一组，大约活动2分钟，教师巡回指导，收集教学资源）

师：想一想，你折了几折，展开是什么图形？

学生汇报活动情况，如图5－13：

对角折3次　　　　　　对角折4次　　　　　　对角折5次

图 5－13

师：比较同学们的作品，你有什么发现？

学生可能的回答1：有的图形很接近圆。

学生可能的回答2：对角折叠的次数越多，剪出来的图形接近圆。

师：原来每一份是什么图形？现在呢？

学生可能的回答：原来每一份是三角形，后面越折越多，每一份接近小扇形了。

师：想象一下，如果折的次数越来越多，剪下的图形会怎样？每一份的小三角形又会怎样？

学生可能的回答：折的次数越来越多，剪下的图形越来越接近圆，而每一份也越来越接近扇形。

教师课件演示折5次、6次、7次后剪下的图形。

师：如果这样折无数次呢？

学生可能的回答：就是一个圆了。

师：当然，这样的操作是不可能完成的，但是我们可以想象。如果要计算这个圆的面积，你有什么方法？

学生可能的回答1：可以先求出其中的1份。

学生可能的回答2：这个圆里面每一份就是近似等腰三角形，求出一个三角形的面积，再乘以个数，就是圆的面积。

师（课件演示图 5－14）：是这样吗？有道理。

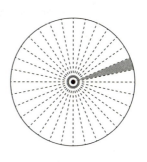

图 5－14

[设计意图：本环节创设了一个动手实践的情境，这是一个纯数学情境。好的数学情境应当满足两条：第一条是与学生的生活经验有关，适合做数学课程与学生经验之间的接口；第二条是能成为学生应用数学和作出创新、发现的载体。依据这个原则，可以把情境分成现实的、虚拟的、学生知识储备和经验中已有的三类。而本环节创设的就是纯数学结构的情境，是一个包含数学问题和数学实践的活动情境。学生通过折、剪、拼，主动经历自己感兴趣的数学活动，这样的情境创设符合学生年龄特征和认知规律，呈现方式直观具体，有利于学生操作，能帮助学生利用表象支撑理解抽象的数学知识。在这个数学活动中，学生解决问题的过程就是知识展开和发展的过程，也是学生建构数学知识的过程。最后，借助计算机辅助教学，动态演示对折5次、6次、7次后的图形，造成视觉冲击，并引导学生得出：正方形纸对角折的次数越多，剪成的图形越逼近圆；当折叠无数次时，剪成的图形面积就是圆的面积。这就是在渗透"极限"思想。]

（2）经历多种转化过程，获得测量活动经验

①体会转化思想。

师：通过前面的活动，我们发现圆的面积实际上可以看成若干个小三角形面积的总和。这种方法叫作"转化"。想一想，我们以前用过转化的方法解决问题吗？

学生可能的回答1：用过。我们把平行四边形转化成长方形求面积。

学生可能的回答2：还把三角形转化成平行四边形，把梯形转化成平行四边形。

师：为什么要进行转化呢？

学生可能的回答：因为三角形面积还不知道，所以转化成平行四边形就可以得到它的面积计算方法啦。

师：同学们说得很好。想一想，圆能进行转化吗？如果能，可以转化

成什么图形呢?

　　学生可能的回答:能,可以把一个个小三角形剪下来拼成别的图形。

　　师:好,那就让我们动手拼拼看。

　　② 活动:

　　a. 将一个 16 等分的圆纸片转化成已经学过面积的平面图形;

　　b. 想一想,这个图形的底和高与圆有什么关系;

　　c. 议一议,你们是怎样操作和思考的,准备汇报。

　　(四人一组,大约活动 6 分钟,教师巡回指导,收集教学资源)

　　学生汇报活动情况,教师有序呈现图 5 – 15 至图 5 – 18。

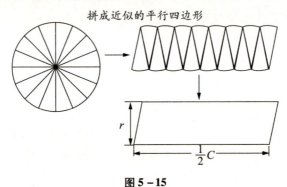

图 5 – 15

　　师:观察圆与转化后的平行四边形,它们之间有什么关系?

　　学生可能的回答 1:平行四边形的底相当于圆周长的一半,平行四边形的高相等于圆的半径。

　　学生可能的回答 2:平行四边形的面积相当于圆的面积。

　　师:非常好! 还有别的方法吗?

　　学生边呈现活动成果,边汇报。

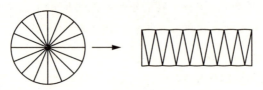

图 5 – 16

　　学生可能的回答 1:我们把圆转化成了长方形。长方形的长相当于圆周长的一半,长方形的宽相当于圆的半径。

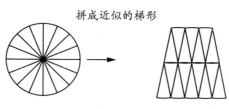

拼成近似的梯形

图 5 - 17

学生可能的回答2：我们把圆转化成了梯形。梯形的上底相当于圆周长的$\frac{3}{16}$，下底相当于圆周长的$\frac{5}{16}$，高相当于圆的直径。

拼成近似的三角形

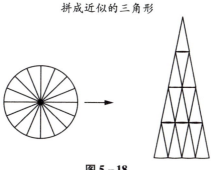

图 5 - 18

学生可能的回答3：我们把圆转化成了三角形。三角形的底相当于圆周长的$\frac{4}{16}$，高相当于圆半径的4倍。

师：每个小组的汇报都很出色。请大家观察上面的所有图形，它们有什么共同点？你还有什么发现？

学生可能的回答1：这些图形都是通过转化得到的。

学生可能的回答2：都是将圆转化成我们学过的平面图形来计算它的面积。

学生可能的回答3：这些转化后的图形底和高都与半径有关。

……

师：同学们很会观察和思考。是呀，通过这个活动，我们知道将圆等分成若干份以后是可以转化成以前写过的其他平面图形。而且这些平面图形的长和宽、底和高都与圆的半径有密切的关系。那么圆的面积到底是怎样求的呢？我们还要进一步研究。

[设计意图：本环节设计了"将圆剪拼成已知面积平面图形"的实践活

动，这是一个有效的数学活动。本活动结合学生已有的数学活动经验（在五年级第二学期，学生已经学习了直边图形的面积推导方法，经历过这样的转化操作）与新知识之间的结合点，依据不同阶段学生的思维特点、不同层次学生的认知水平和不同难易程度的学习材料，设计了开放的活动空间，让所有的学生都能参与进来。在学生汇报的环节，教师十分重视学生的观察、发现和概括能力，通过对转化前后图形关系的比较，以加深学生对数学内部知识联系的理解，使学生获得丰富而有效的数学活动经验。]

（3）独立思考，小组合作经历圆面积计算公式推导的过程

①活动：

a. 每个小组选择一种转化的方法；

b. 先独立思考，再小组交流推导圆面积的计算方法；

c. 议一议，你们是怎样推导出来的，并准备汇报。

（四人一组，大约活动3分钟，教师巡回指导，收集教学资源）

②全班交流，概括圆面积计算公式。

学生汇报活动情况，教师从易到难有序呈现。

学生汇报1：转化成平行四边形求面积（如图5-19）。

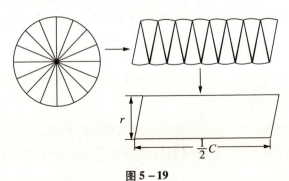

图 5-19

圆的面积＝平行四边形的面积

$$= 底 \times 高$$

$$= \frac{1}{2} C \times r$$

$$= \frac{1}{2} \times 2\pi r \times r$$

$$= \pi r^2$$

师（追问）：你们听懂了吗？$\frac{1}{2}C$ 表示什么？r 又表示什么？

生：$\frac{1}{2}C$ 表示平行四边形的底，r 表示它的高。

师：是这样吗？我们再来看一遍。（师生合作，教师板书演示）

$$平行四边形的面积 = 底 \quad \times \quad 高$$

$$圆的面积 = \frac{1}{2}周长 \quad \times \quad 半径$$

$$= \frac{1}{2}C \quad \times \quad r$$

$$= \frac{1}{2} \times 2\pi r \times r$$

$$= \pi r^2$$

师：选择其他转化方法的小组，你们是怎样推导的？

学生汇报 2：转化成长方形求面积。

$$圆的面积 = \frac{1}{2}周长 \times 半径$$

$$= \frac{1}{2}C \quad \times \quad r$$

$$= \frac{1}{2} \times 2\pi r \times r$$

$$= \pi r^2$$

学生汇报 3：转化成三角形求面积。

$$圆的面积 = \frac{1}{2} \times \frac{4}{16}周长 \times 4半径$$

$$= \frac{1}{2} \times \frac{4}{16}C \quad \times 4r$$

$$= \frac{1}{2} \times \frac{1}{4} \times 2\pi r \times 4r$$

$$= \pi r^2$$

师：还有不同方法吗？

学生汇报 4：转化成梯形求面积。

$$圆的面积 = \frac{1}{2} \times \left(\frac{3}{16}周长 + \frac{5}{16}周长 \right) \times 2半径$$

$$= \frac{1}{2} \times \frac{1}{2} C \times 2r$$

$$= \frac{1}{2} \times \frac{1}{2} \times 2\pi r \times 2r$$

$$= \pi r^2$$

师：同学们真了不起，用了这么多的方法来推导圆面积的计算公式。现在，你们可以大声地说出圆的面积公式吗？

生（齐答）：$S_{圆面积} = \pi r^2$。

师：老师还看到一个小组是这样推导的，你估计他们组是将圆转化成了什么图形来研究的？

$$圆的面积 = \frac{1}{2} \times \frac{1}{16} 周长 \times 半径 \times 16$$

$$= \frac{1}{2} \times \frac{1}{16} C \times r \times 16$$

$$= \frac{1}{2} \times \frac{1}{16} \times 2\pi r \times r \times 16$$

$$= \pi r^2$$

学生可能的回答1：看做16个小三角形。

学生可能的回答2：这种方法是把圆等分成16份，每一份都是小等腰三角形，先求出小三角形的面积，再乘16就是圆的面积。

师：回答得真棒！

师（小结）：我们是怎样获得圆面积计算公式的？

[设计意图：在前面的学习过程中，学生已经在教师的引导下获得了初步的经验，明确了探究圆面积的方向，也表达了自己对内在知识结构的看法。本环节的重点是对面积公式的概括，而这一点恰是学生学习的难点。因此，教师设计了让学生经历独立思考、小组讨论、全班汇报的过程，引导他们从对圆面积推导的直观感知逐步上升为抽象的字母公式。同时，重视学生用规范的数学语言进行表述，重视用板书规范严密的推导过程，让学生明晰公式的来源。这样的数学活动过程，不仅能锻炼学生的数学归纳概括能力，同时也能帮助学生积累如何研究问题的经验。]

（4）应用公式，解决问题

独立完成练习纸上第1~2题（题目同前文根据范希尔理论设计的教学

中的练习题，此处略）。

[设计意图：因为学生刚建立了圆面积计算模型，所以本环节主要是设计了直接应用公式计算圆的面积和解决简单生活实际的问题。这一环节，意在巩固知识，在应用中加深理解。]

（5）回顾与整理

① 师：今天我们一起研究了什么问题？

② 师：我们是怎样研究的？

③ 师：你还有什么问题？

④ 师：今天我们主要运用了转化的方法来推导面积公式。其实，除了我们今天用的方法，数学爱好者还想出了一些有趣的方法（如图5-20），想了解吗？

 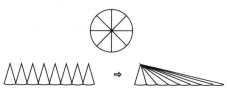

图 5-20

⑤师：希望同学们能在今后的学习中更好地运用转化思想学习更多的知识，下课。

[设计意图：在这个环节，教师需要与学生一起做全面的评述，帮助学生形成完整的研究思路。此外，在研究最后让学生反思研究的过程，想一想还有哪些问题，并欣赏了研究圆面积的其他转化方法，既有利于巩固知识，培养学生科学、认真、严谨的研究态度，也有利于激发学生继续研究相关问题的兴趣。]

5.3.3 重视合作交流与数学语言表达的教学设计

思考

为什么要选择"合作交流与数学语言表达"的角度来设计教学环节？

⊕ 为什么要重视合作交流？

"合作"是个人与个人、群体与群体之间为达到共同目的，彼此相互配合的一种联合行动、方式。"交流"是彼此间把自己有的提供给对方，进行相互沟通。"合作交流"是新课程倡导的学习方式之一，其目的是通过营造宽松、和谐、自由的学习环境，使每一位学生都能积极参与到学习过程中，学生的自主性得以充分发挥，个性得以张扬。综观当前的课堂教学，合作学习的运用好似遍地开花，成了课堂教学改革的"风向标"。的确，合作学习的运用为我们的数学课堂注入了新的活力，但我们通过学习和研究发现，合作学习在小学数学教学实践中还没有取得理想的效果，或者说它仍存在一些有待进一步研究和改进的问题——有理论层面的，也有实践层面的。如只有形式上的小组活动，没有实质的合作；只听或看一位好学生的操作或发言，没有学生间的互动；学生游离于小组合作学习之外；等等。如何把握合作教学的本质，提高教学效率？我们需要实践。

⊕ 重视数学表达有何意义？

所谓数学语言，就是一种由数学符号、数学术语、数学图形和经过改进的自然语言组成的科学化专业语言，是人类数学思维长期发展过程中形成的特殊表达形式。在数学教学活动中，提问、回答、讨论、描述、释疑、阅读、书写等都需要用到数学语言，数学语言始终伴随着教师"教"和学生"学"的整个过程。（倪蕊香，2000）[93]数学语言既是数学思维过程的反映，又是数学思维活动的体现；它既是表达的工具，又是交流的工具。学生在数学学习中对数学语言的掌握和运用，直接关系到他们数学能力的发展及对数学知识的理解和应用的程度。

"圆的面积"属于几何教学范畴，根据范希尔理论，几何语言的精确与符号化程度可以反映相应的几何思维层次。因此，在几何教学中，一方面要重视理解数学语言，重视把数学语言形式与所表达的内容正确联系起来，将自然语言数学化，数学语言符号化；另一方面要根据学生的几何思维层次特点选择相应的教学内容和教学方式，逐步提高数学语言的准确性。

如何从合作交流与数学语言表达的角度，设计"圆的面积"的教学环节呢？

⊕ **教学设计示例**

［教学目标］

① 知识技能目标：建立正确的圆面积概念；掌握圆面积计算公式并能正确计算；能运用公式解决实际问题。

② 过程方法目标：能完整、规范地使用数学语言表达"转化"的方法，能通过观察、猜想、操作、验证、比较、分析，概括出圆面积计算公式的推导过程；渗透"极限"思想，发展空间观念。

③ 情感态度目标：在探索圆面积计算公式的过程中，养成独立思考、合作交流、反思质疑的学习习惯。

［教学重点和难点］

圆面积计算公式的推导。

［教具准备］

课件、圆片、剪刀、胶水、展示板、用于圆面积计算公式推导的练习纸等。

［教学过程］

（1）复习旧知，体会"转化"价值

①观察课件（如图 5-21），你看懂了什么？

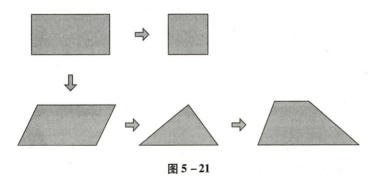

图 5-21

学生可能的回答1：这些都是我们以前学过的平面图形。

学生可能的回答2：这些平面图形之间有联系。

师：我们以前是怎样研究长方形、平行四边形、三角形和梯形的面积公式的？

学生可能的回答1：我们是通过割补的方法。

学生可能的回答2：我们是把平行四边形沿着高剪下来一个三角形，再把三角形拼到另一边，转化成一个长方形，然后得出面积公式的。

……

学生回忆，教师选择平行四边形，课件演示推导过程。

②师：当我们要解决一个新问题时，可以先将这个新问题转化成一个已经学过的知识，然后来寻求新的解决方法。

（2）建立圆面积的概念，并沟通它与其他图形面积的联系

①建立圆面积的概念。

师：在小学阶段，我们还认识了哪些平面图形？

生：还认识了圆。

师：圆有面积吗？圆面积指的是什么？

学生可能的回答1：圆面积就是圆的大小。

学生可能的回答2：圆面积就是圆里面区域的大小。

师（板书）：圆面积就是圆所占平面的大小。

师：举一个生活中的例子？

学生可能的回答1：1元硬币面的大小就是圆的面积。

学生可能的回答2：圆桌面的大小就是圆的面积。

②沟通圆的面积与其他图形面积的联系。

师：计算圆面积也能像其他平面图形那样，通过转化获得吗？

学生可能的回答：可以的。

师（追问）：你们打算怎样研究？

学生可能的回答：把圆剪拼、转化成长方形、平行四边形……

师（揭示课题）：今天这节课我们就一起来研究"圆的面积"。

[设计意图：课始，教师出示平面图形面积关联图，引导学生回忆已经学过的推导直边图形面积计算的方法，体会到转化思想的价值，同时使学生明确学习进行的方向。然后讨论并逐步清晰圆面积的含义，引导学生用

精确的数学语言定义圆面积的概念。]

（3）合作交流，探索圆面积的推导过程

①运用剪拼的方法，研究8等分圆和16等分圆。

师：大家都提出要将圆通过剪拼，转化成已经学过的平面图形来研究。老师这里正好有两个圆（出示8等分圆和16等分圆），怎样操作呢？

学生可能的回答：沿着圆的半径剪开，等分成8份，也就是分成了8个大小一样的近似等腰三角形，再把这些近似的小三角形拼成平行四边形或长方形……

师：是这样操作吗？（动手演示，如图5－22）

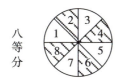

图5－22

师：还有一个圆，谁来演示一下？（如图5－23）

图5－23

师：观察老师剪拼的图形与同学操作剪拼的图形，有什么相同点和不同点？想象一下，如果等分的份数越来越多，长方形的长会怎样？剪拼后的图形会怎样？

学生可能的回答：圆面积等分的份数越来越多，就越来越接近长方形。圆的面积就等于长方形的面积。

师：当把圆等分成无数等份时，拼成的图形的面积就与长方形的面积一样了。所以我们可以将圆转化成长方形的面积来计算。

②探索圆面积的推导过程。

师：你能利用手中的工具和已经学过的转化知识，求出圆面积吗？

学生小组合作交流，教师提出以下活动要求。

A. 独立思考

a. 请每一个同学安静地独立思考，先想一想，圆可以转化成哪些平面图形？怎样转化？在活动单上尽可能多写出研究思路。

b. 请每一个同学针对自己写出的研究思路，通过折一折、剪一剪、拼一拼的方法动手实践操作。

c. 如果操作有困难，可以请教小组同伴或请教老师。

d. 请每一个同学整理自己的研究思路和结果，准备在小组中交流。

数学活动记录单

研究内容：推导圆面积计算公式

研究工具：若干个半径 4 厘米的圆、剪刀、彩色笔

研究思路：1. _____

　　　　　 2. _____

　　　　　 3. _____

　　　　　 4. _____

研究结果：1. _____

　　　　　 2. _____

B. 小组交流

a. 小组内的同学轮流发言，前面同学已经说过的内容，后面的同学就尽可能不再重复说。如果觉得某一个同学说的思路是你没有想到的，你可以记录。

b. 小组先归纳一共研究出了哪几种推导思路，再按照一定的顺序进行整理，确定一个或两个同学记录小组的成果，并说明理由。全组同学讨论好后，确定由哪一个同学代表小组向全班报告。

C. 全班交流

a. 当一个小组的代表发言时，全班其他同学都要认真倾听。

b. 如果发现其他小组的代表汇报的思路是你们小组没有想到的，那么，你们要记录这种方法。

[设计意图：在学生自主探究前，教师有序呈现 8 等分、16 等分的剪拼图形，让学生在观察比较的基础上提出新的问题——怎样才能使剪拼的图

形更接近长方形，最后，借助计算机辅助教学，引导学生得出圆等分的份数越多，拼成的图形越逼近长方形。当圆分成无数等份时，拼成的图形面积就是长方形，圆的面积就等于长方形面积，从而渗透极限思想。在这个环节，最主要的是教师为学生创设了合作交流的探究空间。为使学生有良好的合作交流习惯，首先要求小组成员在交流讨论前应先进行独立的思考，让每一个学生经历操作、观察、猜想、比较、验证的过程，体验自己研究方法的正确性。其次，在小组讨论时也要求让每一个学生都有交流的机会和时间，把自己的想法进行讨论，在小组内进行整理归类，形成小组集体的意见。最后，向全班汇报。学生在汇报的过程中，教师首先要认真倾听，适度引导学生间进行质疑与对话，通过学生之间的合作与交流，促进学生的发展。在小组交流和全班汇报的环节，要重视学生数学语言的完整与规范，有意识地引导学生用数学字母、符号表达思维过程，提升思维品质。]

③ 归纳整理推导方法，完善认知结构。

师：在刚才的活动中，同学们都积极开动了脑筋，想出了许多好方法，解决了计算圆面积的问题。老师整理了一下。（课件演示多种方法，并以长方形为例，展示推导的过程。师生合作，板书演示如下）

长方形的面积＝　　长　×　　宽

$$圆的面积 = \frac{1}{2}周长 \times 半径$$

$$= \frac{1}{2}C \times r$$

$$= \frac{1}{2} \times 2\pi r \times r$$

$$= \pi r^2$$

④师（小结）：我们是怎样获得圆面积计算公式的？

[设计意图：这个环节，学生通过语言的表述对圆与长方形各部分对应关系的讨论与概括，逐步经历了圆面积计算方法的推导过程，形成了完整的面积公式。公式的概括是学生学习的难点，教师要注意引导学生用规范的数学语言进行表述，同时要注意板书推导的过程，让学生明晰公式的来源。]

（4）应用公式，解决问题

① 分别计算下列圆的面积。（如图 5 - 24，单位：厘米）

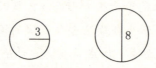

图 5 - 24

② 一个运动场的两端是半圆形，中间是长方形。（如图 5 - 25）这个运动场的周长是多少？面积是多少？

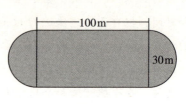

图 5 - 25

③ 有一根绳子长 31.4 米，小红、晓东和小李分别想用这根绳子在操场上围出一块地。你认为怎样围比较大？

［设计意图：这一环节设计了三个练习。练习一的层次比较低，能很好地帮助学生巩固新知；练习二是对圆的周长与面积的综合应用，学生对这个的问题的解决，反映出他对两个概念和公式的理解和掌握程度；练习三的思维含量高一些，它涉及周长相等的情况下，圆面积最大的拓展性知识。这样的题目同样是让学生自由探索新的知识，而探索的方法和范围是大多数学生知道的。教学时可以因学生掌握情况而定，有选择地提供课后练习。］

（5）回顾与整理

① 师：今天我们一起研究了什么问题？

② 师：我们是怎样研究的？

③ 师：你还有什么问题？

［设计意图：在课的最后，让学生安静地想一想，回顾自己学习的内容、使用的方法，有助于学生将所学的知识形成一种观点，让学生将研究的对象与它们之间的关系统一内化成一个新的思维领域。在这个环节，教师要创造条件适时、及时地培养学生数学语言的表达能力；在数学教学活动中引导学生在教师讲解、释疑的过程中，去听、去想、去理解数学语言是如何表达的，通过提问、回答、复述培养学生的数学语言表达的准确性；通过公式的推导，培养学生数学语言表达的严密性和逻辑性，真正把知识

融会贯通起来。]

5.4　教学设计比较的启示

　　以上是我们查阅一百多篇教学设计，从教学目标、教学过程和练习设计三方面进行的比较研究。20 世纪八九十年代的"圆的面积"教学目标十分重视"加强双基，培养能力"，但这一时期的目标单一，不能适应 21 世纪人才培养的需求。随着 2001 年新课标的实施，课堂教学提倡从"知识与技能"、"过程与方法"、"情感态度与价值观"三个方面出发设计课程目标。具体到教学实践，也就是要把原来目标单一的课堂转变为目标多维的课堂。对比近百篇圆的面积教学设计，整体风格比较接近，但在情境引入、估计猜想、公式推导、实践应用等方面均略有差异。无论哪种风格的教学设计，力求做到：①直观引入，理解并掌握圆面积的概念；②借助方格纸，估计猜测圆面积与什么有关、有什么关系以及圆面积的取值范围；③经历观察、操作、分析和讨论的过程，推导出圆面积的计算公式，并能灵活应用公式解答实际问题；④借助新旧知识的联系，渗透转化思想和极限思想；⑤激发学生参与整个课堂教学活动的学习兴趣，培养学生的分析、观察和概括能力，发展学生的空间观念。

6

课堂观察与评价

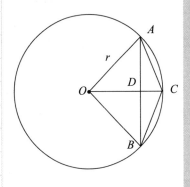

影响教学的因素有很多，有关教学，我们大致要解决如下问题：教给谁（学生情况）；教什么（教材内容）；怎么教（教学设计）；教得怎么样（效果调查）。我们已经在前文中分别就学生情况、教材内容和教学设计进行了综述，并做了详细的比较分析。本章主要围绕教学实践，从课堂观察与评价、同课异构教学设计等维度展开讨论，以期能够较为深入地研究圆的面积的教学情况。

课堂观察是指研究者或观察者带着明确的目的，凭借自身感官（如眼、耳等）以及有关辅助工具（观察量表、录音录像设备等）、直接或间接（主要是直接）从课堂情境中收集学生资料、了解教学与学习行为、诊断常态课堂教学结构与设计，并针对资料做相应研究的一种教育科学研究方法。（陈瑶，2002）[2] 借助"课堂观察"的相关技术与辅助工具可以为教育决策与教育评价提供有力的事实依据，进而逐步提升教师的专业发展。

思考

你觉得"圆的面积"课堂观察与评价的基本步骤是怎样的？可以选择哪些维度展开？

6.1　怎样进行课堂观察？

课堂观察主要关注课堂中与有效教学相联系的教师和学生的行为，它是课堂研究最常见、最基本的方法之一，也是课堂研究中收集可靠资料的重要手段。作为一种教育科研方法，课堂观察应当是一个系统而完整的过程，而非只是现场课堂听课的本身。所以，怎样进行课堂观察涉及整个研究的方方面面。

6.1.1　课堂观察的基本步骤

开展课堂观察会经历观察前、观察中和观察后三个基本阶段，而每个阶段中又包含一些具体的步骤。

阶段一：课堂观察前准备——确定观察的目的和规划。

观察前必须明确观察的目的，并根据观察目的做出观察的规划。首先，确定观察的时间、地点、对什么样的课进行观察。其次，确定观察中心，明确需要记录的事件与行为。最后，设计或选择观察记录的方式或工具。

阶段二：课堂观察中实施——进入课堂及记录资料。

课堂观察的实施阶段包括进入研究情境，以及在研究情境中依照事先计划所选择的记录方式对所需的信息进行记录。在课堂情境中，观察者记录的内容大致包括行为发生的时间、出现的频率、师生言语或非言语活动的内容和形式等。在记录过程中，观察者应当尽量克服来自自身以及外部环境所带来的影响，要保持观察的可信度和有效度。

阶段三：课堂观察后整理——资料的分析与结果的呈现。

课堂观察结束后，最好能在近期对所收集的资料加以整理和分析，以免事过境迁而发生偏差。对资料的分析一般包括定量分析和定性分析。在定量分析中，观察者主要运用时间抽样和事件行为抽样的方法对课堂进行结构分解，多以数据和表格的方式呈现。定性分析是观察者依据粗线条的观察纲要，对观察对象做详尽的多方面记录。分析结果的呈现形式是非数字化的，分析手段是质化的。两种分析的方式尽管不一样，但目的都是通过对所记录的课堂事件进行系统的分析，来揭示课堂行为之间的相互联系。此外，还要明确课堂观察的最终目的不是为了写研究报告或论文，也不是为了证明或构建某个理论，最重要的目的是为了促进教学、改善实践。

6.1.2 课堂观察的研究维度

根据课堂观察的目的意义和观察的一般步骤，我们制定以下五个维度展开研究。

维度一：执教者基本情况、教学设计及逐字记录的课堂实录；

维度二：课堂教学过程时间分配；

维度三：课堂教学语言互动分析；

维度四：师生问答水平及行为分析；

维度五：听课教师反馈评价。

6.2 如何分析与评价课堂观察的结果？

课堂观察的目的是为了发现问题、得出结论、改善教学，这就需要对观察所收集的资料进行科学的分析。依据上文制定的观察维度，我们将借助图表和统计的方式，对课堂观察的结果逐一进行分析评价。

6.2.1 课堂教学情况

2012 年 4 月 18 日上午，我们在民办实验学校六年级某班（班额为 30 人）对某教师执教的"圆的面积"一课进行了课堂观察。课前，我们提前一周通知执教者，执教者所在年级进行了集体备课。

［执教者基本情况］

×××，男，35 岁，教龄 15 年，本科学历。市优秀教师，多次在区级范围内做观摩教学和经验交流，撰写的多篇论文（实验报告）在市、区评比中获奖并发表，辅导的学生多次在全国小学数学奥林匹克竞赛中获一、二等奖。

［教学设计］

教学目标：

（1）通过猜测、操作、讨论、验证和归纳等数学活动，让学生经历并理解圆面积计算公式的推导过程，掌握圆面积计算公式；

（2）能正确运用圆面积计算公式计算与圆的面积有关的简单问题；

（3）在探究圆面积计算公式的过程中，进一步体会"转化"方法的价值，初步感受极限思想。

教学重点和难点：圆面积计算公式的推导。

教具准备：圆片、剪刀、胶水、用于圆的面积计算公式推导的练习纸、小磁铁。

教学过程：

（一）创设生活情境，提出数学问题

1. 从"比较两个圆有什么不同"入手，引入课题，让学生理解圆面积的概念。

2. 引导学生猜想圆面积的大小与什么有关。

3. 师生活动，探究圆的面积与小正方形的面积的关系。

（二）引导探究，发现关系，初步构建模型

1. 第一次探究，体会"转化"思想方法，感受"极限思想"。

（1）提出问题：计算圆面积我们能不能也像长方形、平行四边形、三角形、梯形那样有个固定的公式呢？如果有固定公式，这个公式又是怎么样推导出来的呢？这就是我们今天重点要解决的一个问题。

（2）引导学生进行联想：以前我们研究一个图形的面积时，用到过哪些好的方法？（学生回忆，课件演示，师生小结）

（3）鼓励学生分组进行操作活动。（学生活动，教师巡视做适当的指导）

（4）学生交流、讨论（汇报的学生在投影仪上展示），教师做适当的引导。

（5）师生分别探究圆的面积与平行四边形、三角形等图形的面积的转化关系。

（6）适当引导归纳。

2. 第二次探究，深化数学思维过程，推导计算公式。

（1）在上述活动探究的基础上，引导学生再次进行小组合作，教师巡视指导。

（2）教师有意识地选择拼成的近似平行四边形或长方形，引导学生对平行四边形或长方形的底与高（或长与宽）与原来的圆的周长、半径之间的关系进行比较，得到：

平行四边形的面积 ＝ 　　底　　 × 　高
　　　　　或

长方形的面积　　 ＝ 　　长　　 × 　宽

　　　　　　　　　　↓　　　　　↓　　　　↓

圆的面积　　　　　＝圆周长的一半 × 　半径

　　　S　　　　　　　＝ 　　πr　　 × 　r

　　　　　　　　　　＝ 　　πr^2

（3）视学生操作活动情况，有选择地展示拼成的近似三角形或梯形的圆面积推导过程。

（4）师生根据以上推导过程，进行有针对性的归纳、小结。

（三）简单应用、课堂小结

1. 解决教学开始时求圆面积大小的数学问题。

2. 课堂小结：师生交流学习活动收获。

3. 宣布下课。

[课堂教学实录]

（一）创设生活情境，提出数学问题

1. 从"比较两个圆有什么不同"入手，引入课题，让学生理解圆面积的概念。

师：这是两个圆，这两个圆有什么不一样？

生：一个大一个小。

师：还有补充吗？

生：它们的直径、半径还有周长都是不一样的。

师：刚才这位同学说，两个圆有大小，也就是指圆的什么？

生（齐答）：面积。

师：今天我们就来学习"圆的面积"。

2. 引导学生猜想圆面积大小与什么有关。

师：那谁能够来摸一摸这两个圆的面积有什么不同呢？

生：是这一圈的中心，是这一面。

师：那同学们想一想圆的面积大小会跟什么有关呢？

生：圆的面积跟直径、半径和周长有关系，周长越长它的面积越大，直径和半径越长它的面积越大。

师：是吗？

生（齐答）：是。

3. 师生活动，探究圆的面积与小正方形的面积的关系。

师：既然圆的面积跟它的半径、直径、周长有这样密切的关系，那我们今天先来研究研究半径。请看大屏幕，这是圆的半径，以圆的半径 r 为边长画一个小正方形，这个小正方形的面积怎么样来表示？

生：可以用 r^2 来表示。

师：哦，好的。那请同学们估计一下这个圆的面积大概有几个 r 的平方呢？

生（齐答）：4个。

师：看来和同学们估计的一样。那圆的面积是不是刚好就是 $4r$ 的平方呢？

生（齐答）：不是。

师：要比 $4r^2$ 怎么样？

生（齐答）：小。

师：圆的面积比 $4r^2$ 要小。那同学能不能进一步来估计圆的面积会大于几个 r 的平方呢？

生：我认为圆的面积应该大于 3 个 r^2。

师：能够说出理由吗？

生：我认为圆的面积应该大于 2 个 r^2，因为如果把它看成是一个三角形的话，刚好是 2 个 r^2，但是这个内接图形要比圆的面积小。

师：你的意思是说在里面画这样一个内接的图形，是吧？那么这个内接的正方形可以用什么来表示啊？

生：2 个 r^2。

师：你是怎么想的？

生：因为 1 个蓝色三角形等于 $\frac{1}{2}$ 个 r^2，4 个蓝色三角形就等于 2 个 r^2。

师：多厉害！大家听明白了吗？

生（齐答）：听明白了。

师：可以这样子，利用拼的方法，这样我们就可以很直观地看到圆的面积——

生（齐答）：大于 2 个 r^2。

师：圆的面积它比——

生：2 个 r^2 大。

师：比 2 个 r^2 要——

生（齐答）：大。

师：这个正方形的面积是多少呀？刚才同学们说是 $2r^2$ 是吧？那这个正方形咱们很直观地可以看到，圆的面积和正方形的面积相比的话，谁的面积大呀？

生：圆。

师：圆的面积大，是吧？好，那么说明圆的面积它是大于 $2r^2$，是不是，同学们？

生（齐答）：是。

（二）引导探究，发现关系，初步构建模型

1. 第一次探究，体会"转化"思想方法，感受"极限思想"。

（1）提出问题：计算圆的面积我们能不能也像长方形、平行四边形、三角形、梯形那样有个固定的公式呢？

师：刚才咱们通过估计得到了圆的面积大于 $2r^2$，小于 $4r^2$。这只是一个估计的结果，咱们数学上更多的时候讲究精确的计算。那圆的面积是不是像三角形、平行四边形那样有固定的计算公式呢？如果这个公式有的话，又是怎么样推导出来的呢？这就是今天我们这节课重点要学习的一个内容。那请同学们来想一想，咱们以前在研究平面图形的时候，比如当我们还不会计算平行四边形面积的时候，我们是怎么样推导出平行四边形面积计算公式的呢？

生：我们是通过把一个平行四边形变成一个长方形来计算的。

师：怎么变的？

生：就是把它的一角剪下来，然后拼在另一角上就可以得出一个长方形。

师：同学们听得明白吧？

生（齐答）：听得明白。

（2）引导学生进行联想：以前我们研究一个图形的面积时，用到过哪些好的方法？（学生回忆，课件演示，师生小结）

师：为了更清楚地表示，老师也演示一下。这是一个平行四边形，如果我们沿着它的高剪下来，这样就拼成了一个——

生（齐答）：长方形。

师：我们把平行四边形的面积转化成了求——

生（齐答）：长方形的面积。

师：是啊！长方形的面积咱们以前学过，这样我们也可以求出平行四边形的面积，是吧？那同学们，咱们这个圆能不能用刚才这样的方法，也把它转化成我们熟悉的图形呢？大家说行不行啊？

生（齐答）：行。

（3）鼓励学生分组进行操作活动。（学生活动，教师巡视做适当的指导）

师：口说无凭啊！咱们得试一试。试之前呢，老师有一个要求，同学们看一下。

合作提示（课件演示）：

你们是用什么方法把圆转化成熟悉的图形的？

圆的面积大小与你们所转化的图形的面积大小有什么关系？

说说你们的思考过程。

好！现在我们在组长的带领下，利用学具袋开始动手操作吧！开始行动。

（4）学生交流、讨论（汇的学生在实物投影仪上展示），教师做适当的引导。（大约7分钟）

师：好！同学们停下来，真不错！老师看有的小组都有自己的想法了。来，你们这组想法有点不一样，来汇报一下好不好？到上面来。

生：我们先是把一个圆按对称轴先折四次，这样成了一个近似三角形，但是它的底还是有点曲的，有点似曲线的感觉，所以它还不算是完整的三角形，这样的话就可以求出它的面积是多少了。

（5）师生分别探究圆的面积与平行四边形、三角形等图形的面积转化关系。

师：咱们先把一份求出来，是吧？

生：嗯，先把近似三角形的面积求出来，然后再乘以 16，就知道它的面积是多少了。

师：那老师打断一下，好吗？同学们咱们一起来看一下，这段小弧按照你的话讲可以看做近似三角形的底，那高怎么求？

生：高是半径 r。

师：一个近似的三角形求出来了，然后再怎么办就可以求出圆的面积了？

生：乘以 16，先把这个面积乘以 16，因为我们是取其中的 $\frac{1}{16}$，所以要再乘以 16，就可以算出圆的面积了。

师：他的意思大家明白吧？

生（齐答）：明白。

师：好！刚才这个小组把圆平均分成 16 份，老师用涂色的部分来表示，看上去这样的一份的确有点近似三角形的形状，那能不能让折出的形状更接近三角形呢？

生：可以。

师：可以。什么办法？

生：按对称轴折 n 次后，这个就可以折成一个三角形。我这纸张太厚了。

师：有困难了，是吧？那老师给你解释一下，好吧？谢谢你！

这就是刚才这位同学把圆平均分成 16 份的一份，他说继续再折。现在的一份与刚才的一份相比的话——

生（齐答）：更接近三角形了。

师：那同学们想象一下，如果我们再继续对折，分的份数越来越多的话，那其中的一份会更加怎么样？

生：会更加接近三角形。

师：是这样吗？我们一起来看一下。如果我们把这个圆平均分成 4 份，这一份和三角形相比，差很多。如果我们的份数多了呢？这一份与三角形相比差别小了。如果随着分的份数越来越多的话，同学们发现什么了吗？

这样的一份就越来越——

生（齐答）：接近三角形了。

师：我们可以把这样的一段小弧看做是这个近似三角形的——

生（齐答）：底。

师：那么这个近似三角形的高就是这个圆的半径，一个小三角形的面积可以求吗？

生（齐答）：可以。

师：那整个圆的面积也可以求吗？

生（齐答）：可以。

师：这个方法多好啊！我看其他小组还不一样。哪个小组再来说说看？好！上来吧！

生：我们小组是把这个圆分成16份。

师：怎么分的？

生：我们就是按照对折的方法。

师：那就是平均分，是吧？

生：平均分成16份，把它拼成一个平行四边形，然后我们就可以发现这个平行四边形的高其实就是这个圆的半径，可以发现它这条底就是 $\frac{1}{2}$ 的圆周。

师：哦。

生：因为我们是一正一反拼的。

师：哦，这样就可以求出拼成图形的面积，那也就求出了——

生：圆的面积。

师：同意她的观点吗？

生（齐答）：同意。

师：好！谢谢你！那同学们，如果咱们要拼出的图形比这个还更加接近平行四边形，该怎么办？

生：再把它多分成几份。

师：可以平均分成几份？

生：可以分成32份、64份。

师：32份、64份。如果还要更像平行四边形，那怎么办？那咱们现在就把这个圆平均分成128份。同学们张大嘴巴了，怎么啦？太麻烦了是不是啊？行是行的，就是麻烦啊！那老师还是让电脑给我们来演示一下，好不好？

生（齐答）：好！

师：好！如果我们把这个圆平均分成32份。看一看与刚才这位同学平均分成16份相比，会怎么样呢？同学们发现什么了吗？

生（齐答）：更加接近平行四边形。

师：如果我们把它分成64份。咱们来看一下。

生（齐答）：越来越接近平行四边形。

师：如果我们把它分成128份，会怎么样？

生（齐答）：越来越接近。

师：大声一点。

生（齐答）：越来越接近。

师：是这样吗？

生（齐答）：是。

师：咱们来看一下啊。来，咱们把它平均分成128份。有同学嘴巴都张大了。会拼出一个什么图形啊？发现什么啦？

生（部分）：很接近长方形了。

师：有同学说很接近长方形了。如果咱们再继续分的话，会更加接近什么？

生（齐答）：长方形。

师：长方形，是不是啊？如果我们求出了这样一个图形的面积，也就求出了圆的面积。不错！还有其他不同方法吗？来，这位同学，拿上来。好！我拿，你解说。

生：我们组也是把这个圆平均分成了16份，然后又把它拼成了一个类似三角形的图形。

师：他说类似，是类似噢。行不行啊？

生（齐答）：行。

师：好！还有不一样的吗？来，解说一下。

生：我们也是把一个圆分成了相同的16份，然后把它组成了一个近似于梯形的图形。

师：这个近似梯形的面积求出来了，也就求出了——

生：圆的面积。

师：行不行啊？

生（齐答）：行。

2. 第二次探究，深化数学思维过程，推导计算公式。

（1）在上述活动探究的基础上，引导学生再次进行小组合作，教师巡视指导。

师：真不错！刚才同学们通过剪一剪、拼一拼的方法，把圆这个图形转化成了我们熟悉的图形。但是在数学上，我们在研究这些的时候，不单单只能停留在动手操作上，是不是啊？同学们，咱们能不能在刚才研究的基础上来推导出圆的面积计算公式呢？

生（齐答）：能。

师：这是一个很高的要求啊！好！那么，这样子，同学们有些小组刚才这个拼的、折的可能不是很标准。老师给同学们准备了上面几种示意图。同学们可以根据这些示意图，来推导出圆的面积计算公式。现在可以小组讨论了。

（大约 3 分钟）

（2）教师有意识地选择拼成的近似平行四边形或长方形，引导学生进行比较，得到圆的面积计算公式。

师：很多小组都已经好了。来，这组的同学，你们来说一说。

生：首先，这个平行四边形是由圆分成相等的份数，然后正反拼得的，所以说我们可以得知这条边是 $\frac{1}{2}C$，然后这条高就是 r，那么也就是说这个平行四边形的面积就是 $\frac{1}{2}Cr$，C 可以把它分解为 $2\pi r$，这里前面还要乘个 $\frac{1}{2}$，那么 $\frac{1}{2}$ 就和 2 抵消，得出来的话就是 $\pi \times r \times r$，再简化就是 πr^2。

师：谁能够把她的意思再来讲一遍？

生：她的意思就是说，它的长方形的长其实就是 $\frac{1}{2}C$，然后它的宽就是 r，圆的周长可分为 2 个 r 乘 π，但是还要乘 $\frac{1}{2}$，所以就是 $\pi \times r$，然后后面

还有个 r，就是 πr^2。

师：长方形的长就是 $\frac{1}{2}C$ 是吧？那就是圆周长的 $\frac{1}{2}$，宽就是半径。长方形的面积就等于长×宽，所以圆的面积就等于什么了？圆周长的一半乘半径，下面有同学说了，是这个意思，是吗？那咱们圆的面积可以用哪个字母来表示？

生（齐答）：S。

师：那么就等于 $\frac{1}{2}C$ 乘 r，刚才这位同学讲了，$\frac{1}{2}C$ 我们可以用什么来表示啊？

生（齐答）：πr。

师：好！$\pi r \times r$，那我们得到的结果 S 就等于——

生：πr^2。

师：看来现在我们要求圆的面积需要哪个条件就可以了？

生：r。

师：需要 r，是吗？我们开始上课前咱们估计圆的面积在 $2r^2$ 和 $4r^2$ 之间，看来是不是在这个之内啊？

生（齐答）：是。

（3）有选择地展示拼成的近似三角形或梯形的圆的面积推导过程。

师：不错！咱们刚才的估算非常准。还有补充方法吗？

生：我们组成的是一个梯形，梯形的下底就是由 5 个 $\frac{1}{16}C$ 组成的，然后上底是由 3 个 $\frac{1}{16}C$ 组成的，它的高就是 $2r$，就是 2 个半径，梯形的面积计算公式还要除以 2，就写成乘 $\frac{1}{2}$，然后化简之后就是 $\frac{1}{2}C \times 2r \times \frac{1}{2}$，就得出 πr^2。

师：对吗，同学们？

生（齐答）：对。

师：刚刚这两位同学真是厉害，我们把掌声送给他们。谁还有不一样的想法吗？啊！还有啊！

生：我们组是拼成了一个三角形，下底是 $\frac{4}{16}C$，高是 $4r$，因为三角形的面积公式要除以 2，写成乘 $\frac{1}{2}$，列递等式然后变成 $\frac{1}{2}r \times 4r \times \frac{1}{2} \times \pi$，然后就等于 $r \times r \times \pi$，等于 πr^2。

师：大家同意吗？

生（齐答）：同意。

（4）师生根据以上推导过程，进行有针对性的归纳、小结。

师：好！谢谢你！还有不同吗？同学们不错，咱们用不同的方法都得到了圆的面积计算公式等于——

生（齐答）：πr^2。

师：现在同学们会求圆的面积了吗？

生（齐答）：会。

师：如果老师要你求这个圆的面积，你需要一个什么条件？

生（齐答）：半径。

（三）简单应用、课堂小结

1. 直接应用公式计算圆面积。

师：如果我告诉你这个圆的半径是 5 厘米，大家能计算出它的面积吗？

生（齐答）：能。

师：拿出草稿纸，快点计算。

（大约 1 分钟）

师：做好的同学可以举手。最后一个女同学，拿上来给大家看一看、读一读。

生：$3.14 \times 5 \times 5 = 78.5$ 平方厘米。

师：和她一样的同学请举手，好！做错的同学找到自己的原因啊！已知圆的半径同学们能够求出它的面积了，如果老师告诉你这个圆的直径，你能求出它的面积吗？

生（齐答）：能。

师：如果这个圆的直径是 16 厘米，求出它的面积。

（大约 1 分钟）

师：好，来，我们现在请这位同学到上面来给大家看一下。

生：算式是 $16 \div 2 = 8$ 厘米。

师：这个算什么？

生：算圆的半径。

师：嗯，圆的半径。

生：3.14×8×8就可以算出圆的面积，等于200.96。

师：这位同学真厉害！刚才老师看到她算第一个的时候计算错误了，现在已知直径，她都算对了。咱们给她掌声鼓励一下。好！谢谢你！那如果知道圆的周长，能够算出它的面积吗？

生（齐答）：能。

2. 解决生活中的问题。

师：咱们试一试。看一下题目：

一个圆形蓄水池，用卷尺量出它的周长是62.8米。这个蓄水池的占地面积是多少平方米？（课件演示）

（大约1分钟）

师：好！这位同学你说，到上面来说一说。

生：我们先利用圆的周长除以3.14，再除以2，算出它的半径，半径是10。

师：单位名称是什么？

生：米。

师：好的，对的。

生：10×10×3.14＝314平方米，这是它的面积。

师：那我们第一步还是在先算它的——

生：直径。

师：除以2呢？

生：哦，半径。

3. 课堂小结：师生交流学习活动收获。

师：很快一节课就这样过去了，咱们来看一下今天所学的知识。咱们今天学的内容是——

生（齐答）：圆的面积。

师：我们在上课之前先进行了估计，得到圆的面积大概是$2r^2$和$4r^2$之间，然后我们通过转化，把圆转化成我们熟悉的图形，在此基础上我们推导出了"圆的面积计算公式"。以后同学们碰到类似的问题都可以采用这样的方法，看看它能不能转化成我们学过的知识。最后，老师留给同学们一句话作为我们告别的礼物，咱们一起把它来读一读，预备——起。

在数学的天地里，重要的不是我们知道什么，而是我们怎么知道。

——毕达哥拉斯

（课件演示，生齐读）

师：好！下课！谢谢同学们！同学们再见！

生（齐答）：谢谢老师！老师再见！

6.2.2　课堂教学过程时间分配

了解课堂教学中的每一个环节如何分配时间，能够从一个侧面反映出学生主体地位的落实情况。对课堂教学时间的分析，先要对课堂教学的时间进行分类，然后再分析各类时间所占整节课时间的比例。

> **思考**
>
> 你会按怎样的标准对课堂教学时间进行分类？为什么？

上文介绍的圆的面积教学设计，构建了三个版块，九个环节。每一个环节各占据多少课堂教学时间，无疑体现了执教者对教学重点内容的落实和难点的突破，也反映出执教者对课堂教学的调控水平。我们统计了课堂教学中时间的分布情况（如表6－1、表6－2）。

表6－1　课堂教学过程时间分布

	情境引入			探究圆面积推导过程			巩固应用		
	比较圆的大小	猜测圆面积与何有关	圆与正方形的关系	讨论探究方法	体会转化过程	归纳面积公式	应用公式计算	解决问题	课堂小结
用时	1′13″	1′47″	3′36″	2′27″	17′25″	9′49″	3′44″	1′56″	49″
占总课时的比例（％）	2.8	4.2	8.4	5.7	40.7	23.0	8.7	4.5	2.0

从表6－1中可以看到，执教者在第五个环节所用的时间最多，用了17′25″，占整节课时间的40.7％。可见，教师在引导学生体会"转化思想"，

感受无限逼近的"极限思想"上的用时最多，这既是本节课的重点，也是难点所在。在这个环节，教师用了近 7 分钟的时间引导学生进行了第一次合作活动，让学生利用转化的方法将圆剪拼成已经学过、会计算面积的图形。此外，教师在第六个环节所用的时间也比较多，占整节课时间的 23.0%。因为公式的归纳是比较抽象的知识，让学生结合图示来经历形象思维到抽象思维的概括过程需要时间的积累。

课堂教材的每一个环节都有着自己的价值，也都需要时间的保证。但是强调让学生经历知识的发生发展过程，尽可能多地创造独立思考与合作交流时间，更能突出学生的主体性。

表 6-2　课堂教学行为时间分布

	教师讲解	师生问答		合作学习	合　计
		数学知识方面	管理方面		
用时	7′12″	22′04″	2′32″	10′58″	42′46″
占总时间的比例（%）	16.8	51.6	5.9	25.7	100

从表 6-2 中可以看出教师讲解时间为 7′12″，师生问答 24′36″，学生合作学习 10′58″。师生问答时间最多，其次是学生合作学习，这说明整堂课能做到师生共享，学生活动时间充裕，这是值得肯定和借鉴的。虽然，目前的数学课堂教学对教师讲解时间、学生活动时间和师生共同问答时间的比例并没有统一的论断。但是，对"圆的面积"这节课来说，统计表所给出的比例是一个比较合适的比例。适当减少教师讲解的时间，增加学生独立学习的时间，这无疑是我们不断追求的目标。

6.2.3　课堂教学语言互动分析

什么叫"课堂教学语言互动分析"？它有怎样的特点？有何研究价值？

课堂教学师生语言互动分析系统是由美国教育学家内德·弗兰德斯于 20 世纪 60 年代初提出来的。由于它能抓住课堂教学的本质，为发现课堂教学的问题，探索教学规律提供了有效途径。因此至今仍然被广泛地运用于教育科学研究和课堂教学评价之中。

弗兰德斯语言互动分析系统是一种结构性的、定量的课堂行为分析技术。它依据师生的言语互动，把课堂活动分为 10 种类型，每种类型都有一个代码。采用时间抽样的方法，每隔 3 秒钟，观察者记录下最能描述教师和班级语言行为种类的相应代码，并按顺序记录下来，进行统计分析。（陈瑶，2002）[44-47]这样，一堂课大约记录 800～1000 个编码，它们表达着课堂上按时间顺序发生的一系列事件，每个事件占有一个小的时间片段，这些事件先后接续，连接成一个时间序列，表现出课堂教学的结构、行为模式和风格。

本次课堂观察选取了"探究圆面积计算公式推导过程"这一环节，进行师生语言互动分析（如表 6-3）。

表 6-3　采用弗兰德斯的语言互动分类表（顾泠沅，2003）[270]

弗兰德斯语言互动分类			环节总时间（1781″）		
			时　间	百分比	合　计
教师讲	回应	①接纳学生感觉 ②赞许学生行为	146″	8.2%	780″ 43.9%
		③接受学生观念	78″	4.4%	
	中立	④问学生问题	135″	7.6%	
	自发	⑤演讲	313″	17.6%	
		⑥指示或命令	108″	6.1%	
		⑦批评或辩护权威行为	0	0	
学生讲	回应	⑧回答老师的提问或按老师要求表述	68″	3.8%	343″ 19.2%
	自发	⑨主动表达自己的观点或向老师提出问题	275″	15.4%	
静止	中立	⑩静止或疑惑，暂时停顿或不理解	0	0	0
小组讨论			658″	36.9%	658″ 36.9%

根据表 6-3 统计数据显示，教师讲共用时 780″，占总时间的 43.9%；

学生讲共用时 343″，占总时间的 19.2%；小组讨论共用时 658″，占总时间的 36.9%。这说明这个环节中，教师安排了大量的时间让学生进行小组合作学习，让他们经历观察、操作、发现、归纳的过程，这与课程标准提出的"过程性目标"是相一致的，这一点是值得肯定的。同时，我们也发现在师生交流的过程中，教师讲的时间明显高于学生，尤其是教师演讲用时 313″、指示或命令用时 108″，共占总时间的 23.7%。而学生讲的时间只占总时间的 19.2%，说明教师仍然不太放心学生，还是牢牢地把握着话语权。不过，在学生讲的部分，我们发现学生主动表达或向老师提出问题的时间比较高，这从另一个侧面说明学生是有能力独立探究数学问题，开展学习活动的。数学是在具体、半具体、半抽象、抽象中间的铺排，是穿梭于实物与公式之间的形式化过渡。（顾泠沅，2003）[389] 从体验"转化方法"到操作"转化过程"再到概括"圆面积计算公式"这个探究活动，实际上是经历一个数学化的过程，即从图形表征到数学公式的建模过程。学生从中不仅建构了面积的计算方法，而且也获得了数学思考与探究活动的经验。因此，在实际教学中应该改变学习方式，创设猜想、操作、观察、比较、概括的学生活动，挑战与探索学生的思维；开放学习时空，让学生有更多的机会表达自己的观点，提出不同的见解，引导学生间的交流与评鉴，逐步深化学生对圆的面积计算方法本质的体验。

6.2.4　师生问答水平及行为分析

提问是师生互动最常用的方式，也是国内外课堂研究中十分关注的问题。尽管在课堂教学中教师提问频繁地发生，但很多教师对提问的类型、方式、对象、节奏等缺乏研究和良好的设计，大大降低了提问的有效性。比如，有的教师一节课不停地在提出问题，但真正有效的问题却很少；有些教师习惯请坐在教室前排或中间的学生回答问题；有的教师偏好向男生或女生提问，等等。这些低效的提问和习惯性的偏好，可能教师自己没有明确意识到。因此，通过师生问答水平的观察与分析，能增强教师提问的有效性，促进教师的提问能力。

在"圆的面积"一课中执教者提出了很多问题,你觉得应该怎样分类研究呢?

研究提问方式可以选择不同的标准。如根据行为分类,可以分成学术性提问和非学术性提问;根据提问的信息交流形式来分类,可以分成特指式提问、泛指式提问、重复式提问、反谐式提问、自答式提问五种;根据教师发问的方式及其作用分类,可以分为是非式提问、选择式提问、比较式提问、查考式提问、直接式提问、反问式提问、假想式提问、推想式提问等十二种;根据课堂提问的水平分类,可将课堂提问分为记忆认知、理解、创造、批判等认知水平的提问。这种分类方法是根据布鲁姆"教育目标分类学"的基本思想创设的。我们认为这是最通俗易懂、最科学的一种分类方法。因此,在"圆的面积"一课的教学中,我们把问题分成以下五类:

①无关性问题。这类问题指教师在课堂上提出一些与教学无关的问题。比如:"你们知道老师来自哪里吗?"、"你觉得圆漂亮吗?"这样的问题与数学教学没有实质性的关系,我们称为无关问题。

②管理性问题。这类问题指教师在课堂上为了维持秩序而提出的问题。比如,为了维持学习纪律提出"看哪个小朋友最快坐端正?",维持操作秩序时提问"手中的学具都放好了吗?",维持作业习惯时提问"检查一下是不是都拿出草稿本了?",等等。

③认记性问题。这类问题指教师提出的问题主要是依靠认记与回忆来解决。比如:"谁还记得昨天的数学课中,我们学习了什么内容?"、"你们还记得我们以前是怎样研究平行四边形的面积的?",等等。

④理解性问题。这类问题指教师引导学生对某一知识进行理解的问题。比如:"听懂刚才这位同学的意思了吗?"、"为什么圆的半径就是这个近似小三角形的高?",等等。

⑤创造性问题。这类问题指教师引导学生对某一未知情况进行探索的问题。比如:"你认为圆的面积与这个正方形之间有什么关系?"、"将圆128等分后图形会怎样?",等等。

当教师提出问题后,学生会有相应的回答。根据教师提出不同类型的问题，学生的回答也会有不同的类型。

> **思考**
>
> 根据教师提出的不同类型问题，学生会有哪些不同类型的回答呢？你觉得应该怎样分类研究呢？

根据教师提问类型，我们将学生回答也相应分成五类：

①无人回答。这种类型指教师提出问题后，学生没有回答。造成这种情况有两种可能：一是问题有一定的难度，学生没有能力回答；二是教师提出的问题是引导式过渡，或者是自问自答式的提问，不需要学生回答。

②机械性回答。这种类型指学生比较机械地套用公式回答老师提出的问题，有时还指学生程序化的回答。比如学生回答"是的"、"好的"、"面积用 S 表示"，等等。这种机械的回答实质上是学生肤浅的理解后给出的，没有经过透彻的理解和深入的思考。

③认记性回答。这种类型指学生通过再认与记忆给出的回答。如教师提问："平行四边形的面积是怎么转化的？"学生回答："是把它剪开拼成一个长方形来求面积的。"这种认记水平的回答只能帮助学生再认已经学过的知识，如果要深入理解和掌握知识，是远远不够的。

④理解性回答。这种类型指学生通过比较深入的理解后给出的回答。比如，教师问："观察图，圆的面积与大正方形有什么关系？"学生回答："圆的面积小于大正方形的面积，正方形的边长是 $2r$，面积就是 $4r^2$，所以圆面积 $< 4r^2$。"这样的回答是需要学生回忆正方形的面积计算方法，再进行综合分析比较，通过深入的思考后给出的回答。这样的回答称之为理解性回答，我们希望在一节数学课中，这样的回答占到绝大多数的比例。

⑤创造性回答。这种类型指学生通过深入理解后，综合性地应用知识，并给出富有创造性的答案。比如教师问："还可以把圆转化成什么图形？"学生回答："我通过剪拼，把圆转化成了一个梯形"、"我把圆转化成了一个大三角形"、"我没有进行剪拼，通过对折把圆看成 n 个小三角形的总和"，等等。这样的回答都是具有原创性的，教师应该鼓励学生进行这样的思考，挖掘学生潜在的数学创造能力。

对教师与学生的问答方式进行分类，是为了便于应用定性与定量相结合的方法进行研究。很明显，这样的分类存在着一定的模糊性，只是相对意义的明确。

在明确教师提出问题的类型与学生回答的类型后，就可以根据这样的分类，对圆的面积课堂教学实录中的问题与相应的回答进行统计，详见表6-4。

表6-4　教师提问技巧水平检核表

序号	问　题	问答方式	A 教师提问					B 学生答问				
			无关	管理	认记	理解	创造	无答	机械	认记	理解	创造
1	这是两个圆，这两个圆有什么不一样？	举手回答			√					√		
2	还有补充吗？	举手回答		√						√		
3	刚才这位同学说，两个圆有大小，也就是指圆的什么？	齐答			√					√		
4	谁能够来摸一摸这两个圆的面积有什么不同呢？	指名操作			√							
5	同学们想一想圆的面积大小会跟什么有关呢？	举手回答				√					√	
6	是吧？	齐答	√					√				
7	请看大屏幕，这是圆的半径，以圆的半径 r 为边长画一个小正方形，这个小正方形的面积怎么样来表示？	举手回答				√					√	

续表

序号	问 题	问答方式	A 教师提问					B 学生答问				
			无关	管理	认记	理解	创造	无答	机械	认记	理解	创造
8	那请同学们估计一下这个圆的面积大概有几个 r 的平方呢?	齐答			√					√		
9	那圆的面积是不是刚好就是 $4r^2$ 呢?	齐答			√					√		
10	要比 $4r^2$ 怎么样?	齐答			√					√		
11	同学们能不能进一步来估计圆的面积会大于几个 r^2 呢?	举手回答			√					√		
12	能够说出理由吗?	举手回答				√					√	
13	你的意思是说在里面画这样一个内接的图形,是吧?	追问				√					√	
14	那么这个内接的正方形可以用什么来表示啊?	举手回答				√					√	
15	你是怎么想的?	举手回答				√					√	
16	多厉害!大家听明白了吗?	齐答		√					√			
17	圆的面积它比——	举手回答			√					√		
18	比 2 个 r^2 要——	齐答			√				√			
19	这个正方形的面积是多少呀?	举手回答			√					√		

序号	问题	问答方式	A 教师提问					B 学生答问				
			无关	管理	认记	理解	创造	无答	机械	认记	理解	创造
20	圆的面积和正方形的面积相比的话，谁的面积大呀？	举手回答			√					√		
21	好，那么说明圆的面积它是大于 $2r^2$，是不是，同学们？	齐答			√				√			
22	那圆的面积是不是像三角形、平行四边形那样有固定的计算公式呢？	无答			√			√				
23	如果这个公式有的话，又是怎么样推导出来的呢？	无答				√		√				
24	我们是怎么样推导出平行四边形面积计算公式的呢？	举手回答				√					√	
25	怎么变的？	举手回答			√						√	
26	同学们听得明白吧？	齐答		√					√			
27	如果我们沿着它的高剪下来，这样就拼成了一个——	齐答				√			√			
28	我们把平行四边形的面积转化成了求——	齐答			√				√			

续表

序号	问 题	问答方式	A 教师提问					B 学生答问				
			无关	管理	认记	理解	创造	无答	机械	认记	理解	创造
29	长方形的面积咱们以前学过，这样我们也可以求出平行四边形的面积，是吧？	齐答			√				√			
30	咱们这个圆也能不能用刚才这样的方法，也把它转化成我们熟悉的图形呢？大家说行不行啊？	齐答			√				√			
31	你们这组想法有点不一样，来汇报下好不好？	无答		√				√				
32	咱们先把一份求出来，是吧？	举手回答			√				√			
33	同学们咱们一起来看一下，这段小弧按照你的话讲可以看做近似三角形的底，那高怎么求？	追问				√					√	
34	一个近似的三角形求出来了，然后再怎么办就可以求出圆的面积了？	追问				√					√	
35	他的意思大家明白吧？	齐答		√					√			

序号	问 题	问答方式	A 教师提问					B 学生答问				
			无关	管理	认记	理解	创造	无答	机械	认记	理解	创造
36	看上去这样的一份的确有点近似三角形的形状,那能不能让折出的形状更接近三角形呢?	追问				√					√	
37	可以。什么办法?	追问				√					√	
38	有困难了,是吧?	自问自答	√					√				
39	那老师给你解释一下,好吧?	自问自答	√					√				
40	现在的一份与刚才的一份相比的话——	齐答			√					√		
41	同学们想象一下看,如果我们再继续对折,分的份数越来越多的话,那其中的一份会更加怎么样?	举手回答				√					√	
42	如果随着分的份数越来越多的话,同学们发现什么了吗?	无答				√		√				
43	这样的一份就越来越——	齐答			√					√		
44	我们可以把这样的一段小弧看做是这个近似三角形的——	齐答			√				√			

续表

序号	问 题	问答方式	A 教师提问					B 学生答问				
			无关	管理	认记	理解	创造	无答	机械	认记	理解	创造
45	那么这个近似三角形的高就是这个圆的半径，一个小三角形的面积可以求吗？	齐答			√					√		
46	那整个圆的面积也可以求吗？	齐答			√				√			
47	哪个小组再来说说看？	无答		√					√			
48	怎么分的？	指名回答			√							√
49	这样就可以求出拼成图形的面积，那也就求出了——	追问				√				√		
50	同意她的观点吗？	齐答		√					√			
51	如果咱们要拼出的图形比这个还更加接近平行四边形，该怎么办？	举手回答					√				√	
52	可以平均分成几份？	追问				√					√	
53	如果还要更像平行四边形，那怎么办？	无答			√				√			
54	那老师还是让电脑给我们来演示一下，好不好？	无答	√						√			

序号	问题	问答方式	A教师提问					B学生答问				
			无关	管理	认记	理解	创造	无答	机械	认记	理解	创造
55	如果我们把这个圆平均分成 32 份。看一看与刚才这位同学平均分成 16 份相比，会怎么样呢？	齐答			√					√		
56	同学们发现什么了吗？	齐答				√				√		
57	如果我们把它分成 128 份，会怎么样？	齐答				√				√		
58	是这样吗？	齐答	√						√			
59	会拼出一个什么图形啊？发现什么啦？	齐答					√				√	
60	如果咱们再继续分的话，会更加接近什么？	齐答			√					√		
61	长方形，是不是啊？	无答			√			√				
62	还有其他不同方法吗？	无答					√	√				
63	他说类似，是类似噢。行不行啊？	齐答			√				√			
64	还有不一样的吗？	举手回答		√								√
65	这个近似梯形的面积求出来了，也就求出了——	追问			√					√		
66	行不行啊？	齐答	√						√			

续表

序号	问题	问答方式	A 教师提问					B 学生答问				
			无关	管理	认记	理解	创造	无答	机械	认记	理解	创造
67	同学们，咱们能不能在刚才研究的基础上来推导出圆的面积计算公式呢？	齐答				√			√			
68	谁能够把她的意思再来讲一遍？	举手回答				√					√	
69	长方形的长就是 $\frac{1}{2}C$ 是吧？	无答			√			√				
70	长方形的面积它就等于长×宽，所以圆的面积就等于什么了？	齐答			√				√			
71	那咱们圆的面积可以用哪个字母来表示？	齐答			√				√			
72	刚才这位同学讲了，$\frac{1}{2}C$ 我们可以用什么来表示啊？	齐答				√					√	
73	好！$\pi r \times r$，那我们得到的结果 S 就等于——	齐答				√					√	
74	要求圆的面积需要哪个条件就可以了？	举手回答				√					√	
75	需要 r，是吗？	齐答			√				√			

序号	问 题	问答方式	A 教师提问					B 学生答问				
			无关	管理	认记	理解	创造	无答	机械	认记	理解	创造
76	我们开始上课前咱们估计的圆的面积在 $2r^2$ 和 $4r^2$ 之间，看来是不是在这个之内啊？	齐答			√				√			
77	还有补充方法吗？	举手回答				√						√
78	对吗，同学们？	齐答		√					√			
79	谁还有不一样的想法吗？	举手回答					√					√
80	大家同意吗？	齐答		√					√			
81	还有不同吗？	无答		√				√				
82	咱们用不同的方法都得到了圆的面积计算公式等于——	齐答			√					√		
83	现在同学们会求圆的面积了吗？	齐答			√				√			
84	如果老师要你求这个圆的面积，你需要一个什么条件？	齐答				√					√	
85	如果我告诉你这个圆的半径是 5 厘米，大家能计算出它的面积吗？	举手回答				√					√	
86	如果老师告诉你这个圆的直径，你能求出它的面积吗？	举手回答				√					√	

续表

序号	问　题	问答方式	A 教师提问					B 学生答问				
			无关	管理	认记	理解	创造	无答	机械	认记	理解	创造
87	这个算什么?	追问				√					√	
88	那如果知道圆的周长，能够算出它的面积吗?	举手回答				√					√	
89	单位名称是什么?	追问			√					√		
90	那我们第一步还是在先算它的——	追问				√					√	
91	咱们今天学的内容是——	齐答			√				√			

　　从表 6-4 中，我们看到教师在执教"圆的面积"一课中，共提出了 91 个问题，这个数据对于六年级的数学课堂算是多的。一节课中到底教师提出多少问题为宜? 这个很难回答，不同类型的课有不同的需求。但是作为图形面积探究型课堂，问题应尽量少一些。如果问题很多，势必会问得比较细，这样学生思考的空间就会小。在统计中我们发现，教师经常会打断学生的发言，如在引导学生由长方形面积概括圆面积时，提出一连串这样的问题："长方形的长就是 $\frac{1}{2}C$ 是吧?"、"长方形的面积就等于长×宽，所以圆的面积就等于什么了?"、"那咱们圆的面积可以用哪个字母来表示?"、"刚才这位同学讲了，$\frac{1}{2}C$ 我们可以用什么来表示啊?"、"好! $\pi r \times r$，那我们得到的结果 S 就等于?"、"要求圆的面积需要哪个条件就可以了?"、"需要 r，是吗?" 显然这一环节教师的问题过多，不仅打断了学生思考的连贯性，同时也大幅度降低了思考性。当然教师提出的问题空间太大了，学生会对解决"大"问题有困难，这时不妨采用追问或转问的方式，缩小问题切口，降低思考难度，引导学生参与思考并解决问题。

我们已经整理出了"圆的面积"一课师生的所有问答情况，你认为应该怎样进行分析研究呢？可以从哪些维度展开呢？

根据以上师生问答情况，可以选择五个维度进行分析与评价：一是提出问题的类别；二是挑选问题的方式；三是教师理答的方式；四是学生回答的方式；五是候答时间。"圆的面积"一课各种提问行为类别频次详见表 6-5。

表 6-5 各种提问行为类别频次表

行为类别	频　次	百分比（%）
A. 提出问题的类别		
0. 与数学无关的问题	5	5.5
1. 常规管理性问题	11	12.1
2. 记忆性问题	39	42.9
3. 理解性问题	33	36.3
4. 创造性问题	3	3.2
B. 挑选问题的方式		
0. 提问前先点名	0	0
1. 提问后让学生齐答	41	53.2
2. 提问后让举手者答	36	46.8
3. 提问后让未举手者答	0	0
4. 提问后改为其他同学答	0	0
C. 教师理答方式		
1. 打断学生回答或自己代答	13	48.1
2. 对学生回答不理睬或消极批评	0	0
3. 重复自己问题或学生答案	8	29.7
4. 对学生回答鼓励或称赞	6	22.2
5. 鼓励学生提出问题	0	0

续表

行为类别	频 次	百分比（％）
D. 学生回答的类型		
0. 与数学无关问题的回答	0	0
1. 无回答	13	14.3
2. 机械判断是否	24	26.4
3. 认知记忆性回答	25	27.5
4. 理解性回答	25	27.5
5. 创造性回答	4	4.3
E. 停顿		
1. 提问后没有停顿或不足 3 秒	0	0
2. 提问后停顿过长	0	0
3. 提问后适当停顿 3~5 秒	86	94.5
4. 学生答不出，耐心等待几秒	0	0
5. 对特殊需要的学生，适当多停顿几秒	5	5.5

从表 6-5 中提出问题类别看，理解性问题比较多，占问题总数的 36.3%，这说明教师在引导学生探究圆面积时比较重视知识的理解。对于"圆的面积"一课，学生不仅需要理解转化方法、极限思想，同时还要理解面积公式的归纳概括过程，因此理解性的成分比较多，而本节课理解性问题所占比例高是一件有益的事。此外，在进行曲边图形面积转化成直边图形的发生过程中，出现许多有利于学生探索和创造的好素材，这些素材能触发学生的创造性思维，因此教师要尽可能多地提出创造性问题。但从表 6-5 统计数据显示，本节课的创造性问题比例只有 3.2%，而认记性问题却高达 42.9%。这与教师的提问方式有关，本节课该教师一共提出了 91 个问题，密集的提问势必造成问题琐碎、思维含量小，把本该开放的、创造性问题替换成了认记性问题。

从挑选问题的方式看，教师只采用了"提问后让学生齐答"与"提问后让举手者答"两种方式。其中提问后让学生齐答共 41 次，占问题总数的 45.1%；提问后让举手者答共 36 次，占问题总数的 39.6%；其余的是教师自问自答或问而无答。虽然，我们不能简单地评价老师提出问题后，是集体回答好，还是个别学生回答好。但作为一节探究型课堂，我们认为集体齐答的次数过多，说明教师的问题空间小、出现次数频繁，而且不能引发学生深层思考，同时教师也很难了解到不同水平学生的思维过程。

教师理答方式可以分为：打断学生回答或自己代答、对学生回答不理睬或消极批评、重复自己问题或学生答案、对学生回答鼓励或称赞、鼓励学生提出问题等几种。从表6-5的数据中，我们可以得到以下的结论：①师生问答时，教师有打断学生回答或自己代答的现象。说明教师比较心急，不太沉得住气，当学生说不清楚或回答偏离时，马上进行干预，这样的现象还是教师主体思想在作祟。在数学课堂上，当学生回答问题时，教师应该耐心地倾听，让学生把话说完。但如果学生回答有困难或者答非所问，"跑题"很严重时，教师可以礼貌地打断学生说话，并进一步加以引导。②教师没有对学生回答不理睬或消极批评，这是一个好现象。说明教师能及时给予学生正面的评价，鼓励学生参与数学思考活动。③教师有重复自己问题或学生答案的现象，一共出现了8次，占问题总数的8.8%。在课堂教学中，有一些重要的方法、思路或定义、公式，教师为了引起学生的重视，需要加重音或进行重复，这是必要的。但过多地重复自己或学生的回答，甚至成为习惯就不好了。④教师能对学生的回答进行鼓励或称赞，本节课一共出现了6次，占问题总数的6.6%。我们平时说，对于学生的回答老师要给出适当的反馈，这个适当包括了鼓励、表扬、赞赏、建议、批评等形式。该教师已经注意到了这一点，是值得肯定的。⑤教师没有鼓励学生提出问题。培养学生发现问题、提出问题是十分重要的一种能力。如"圆的面积"一课教学时，可以先动态观察圆与正方形，引导学生发现并提出问题："圆的面积与正方形的面积有什么关系？"在进行圆面转化时，引导学生提出问题："长方形的长与圆周长有什么关系？"、"长方形的宽相当于圆的什么？"……此外，在教学的每一环节结束时，都可以问一问学生是否有问题。培养学生提出问题能力，需要在教学的每一个环节加以落实，更需要加强教师的意识。

学生回答的类型分为与数学无关问题的回答、无回答、机械判断是或不是、认知记忆性回答、理解性回答和创造性回答六种。从表6-5可知，学生没有出现与数学无关问题的回答，无回答和机械判断是否共37次，占问题总数的40.7%。我们认为这个比例过高，究其原因与教师的提问方式和理答的方式有关。前文已经分析教师采用"提问后让学生齐答"的频次很高，这就造成学生只需说"是"、"会"、"好的"等一些思考力低的机械答案。学生的认记性回答与理解性回答的次数相等，分别是 25 次，占问题总数的 27.5%；创造性回答 4 次，占 4.3%。我们认为，理解性回答和创造性回答的次数还需要提高，这样才能加大探究力度，引发学生思考，在引导学生习得数学知识的同时经历活动过程，并学会学习的方法。

　　为了更清晰地了解问答的情况，我们还对课堂师生语言流动情况做了统计，如图 6-1。

讲台

B↑↓	<u>A</u>↑↓↑ ↓↑↓	A↑↓＋	<u>A</u>	C↑↓＋	<u>A</u>
<u>C</u>↑	A	<u>A</u>↑↓	B↑↓＋ ↑↓＋	<u>A</u>↑↓	<u>A</u>↑↓＋↑
C	C	<u>A</u>	A↑↓	<u>A</u>	<u>A</u>↑↓↑↑ ＋↑↓＋↑↓＋
<u>C</u>	B↑↓↑ ↑	<u>B</u>↑↓＋	C	A	B↑↓
B	B	<u>C</u>	B↑↑	<u>C</u>	<u>B</u>

（注：A 表示优秀生，B 表示良好生，C 表示困难生，加下划线表示为女生；↑表示生对师交流，↓表示师对生交流，＋表示教师正面反应。）

图 6-1

　　学生的数学能力是有差异的，如果把学生的数学成绩分为优秀、良好与困难三类，那么这三类学生在圆的面积学习过程中，是否具有相同的回答问题的机会呢？这是一个值得研究的问题，为此安排专人记录学生的举手和回答问题的情况。首先提前准备好座位表，用 A、B、C 分别表示三类学生，其中 A 表示优秀生，以此类推。课堂上，当教师提出问题后要记录两个方面的内容：一是记录学生是否举手想回答问题；二是记录学生是否被老师叫到回答问题。

在对课堂师生语言流动情况进行记录后，我们又统计了不同学生分水平、性别答问机会的统计表，见表6－6。

表6－6　全班学生分水平、分性别答问机会统计表

类　　型	优秀生	良好生	困难生	男　生	女　生	全　班
各类型人数	13	9	8	14	16	30
举手次数	28	21	5	29	25	54
发言人次	15	10	2	10	17	27
平均每人发言次数	1.2	1.1	0.3	0.7	1.1	0.9
各类型学生发言百分比	55.6%	37.0%	7.4%	37.0%	63.0%	100%

从表6－6中我们可以看到，数学成绩优秀的学生人均举手次数最多，超出了全班人均举手次数。这反映出优秀学生的数学理解水平和解决问题能力高，他们对自己的表现充满自信。相反，数学困难学生人均举手的次数最少，只有5次，大大低于全班人均举手次数，这也反映出了他们的参与程度和解决问题的能力。从发言人次看，优秀学生被请到15次，良好学生被请到10次，占绝对的优势。这有两方面的原因：一方面困难学生举手的人少，自然被请到回答的机会也相应地比较少；另一方面可能是因为教师考虑数学能力强的学生比较多，由于能力强的学生表达清楚，从课堂的时间上说，教师会希望学生能够清晰完整地表达思维过程，这就需要能力强的学生来回答问题。让学生回答问题，可以了解学生的思维情况，教师要有意识对不同层面的学生提问，让所有的学生都能参与到数学学习的过程中，让他们有更多的机会来交流与表达，并有不同程度的提高。

从语言互动表和学生分水平、分性别答问机会统计表都能发现，教师偏爱请女生回答问题。女生人均被提问的次数高于男生，尤其是优秀女生，被提问到14次，占总提问次数的51.8%。这可能与女生的表达水平有关。"圆的面积"一课有多次小组合作，需要每个小组代表汇报合作的过程，能边演示边用完整、清晰的语言表达，这样的回答要求是比较高的，而小学

阶段女生的语言能力总体略高于男生,因此会出现课堂上的这一现象。同时我们也发现,这个班级的优秀学生中,女生占的比例较高。从语言互动表中,我们还发现教师提问的范围主要集中在前两排和最右边一组,发言的人次比较密集,尤其是两个优秀女生,分别被请到发言3次和5次。说明教师不放心学生,用好生的回答代替了自己的讲解,这样做不仅对其他学生有欠公平,同时也失去了了解更多学生思维过程与思维水平的机会。

从教师提出问题到学生回答问题这一段时间,我们称为提问后的停顿时间。在"圆的面积"教学中,老师提出了多个不同的问题,有些问题需要创造性思考,难度较大,有些问题比较容易。从理论上说,难的问题停顿的时间应该长一些,反之,则可以短一些。可见,停顿时间的长短反映了教师对学生思考过程的重视,也反映了教师对问题难度的判断。我们把停顿时间从短到长分成了五种,分别是:提问后没有停顿或不足3秒、提问后停顿过长、提问后适当停顿3~5秒、学生答不出耐心等待几秒、对特殊需要的学生适当多停顿几秒。

从表6-5的统计结果可知:①教师没有出现提出问题后,马上让学生回答的现象。每一个问题提出后,都给予一定的停顿时间,这是值得肯定的。圆的面积教学是有一定难度的,所以留给学生思考的时间十分必要。②教师提出问题后,适当停顿时间在3~5秒的情况最多,共有86个问题,占总提问次数的94.5%。这样的比例显示了教师对学生思考的过程的重视。③能做到对特殊需要的学生适当多停顿几秒。这说明执教者还是很有耐心的,能给困难学生相对比较充足的时间思考问题,整理自己的发言的思路。从总体上说,执教者能够重视过程,重视学生的独立思考。

6.2.5 听课教师反馈评价

听课反馈评价,顾名思义,即评价课堂教学。它是听课活动结束之后的教学延伸,是评价者对照教学目标,对教师和学生在课堂教学中的活动以及由此所引起的变化进行分析和评估,并且能够从教育理论的高度对课堂上的教育行为做出正确的解释。开展听课教师反馈评价是促进学生发展,推进教师专业水平提高的重要手段。

> **思 考**
>
> 你认为可以选择哪些维度评价"圆的面积"一课的教学情况？请试着写一写。

　　圆的面积教学后设计听课教师的调查问卷时可以选择多个不同的角度。如课堂教学目标的达成、采用的学习方式、教材过程的展开情况、学生情感态度的表现、多媒体设计的使用等多个维度，具体设计如下：

"圆的面积"听课教师问卷

尊敬的听课老师：你好！

　　感谢你来听"圆的面积"这节课！为了更清楚地知道你听了这节课后的想法，我们设计了下面的问卷，麻烦你填写，衷心感谢你的参与！

性别_____　　教龄_____

一、选择题。（把你认为最合适的答案编号填在横线上）

1. 整堂课的教学氛围，你认为是_____。

A. 轻松愉悦　　　　B. 一般　　　　　C. 闹哄哄　　　　D. 死气沉沉

2. 如果课堂教学分三个水平，你认为这节课属于_____。

A. 探究水平　　　　B. 理解水平　　　C. 记忆水平　　　D. 不太明显

3. 你认为这节课的教学目标的达成_____。

A. 偏重知识技能　　　　　　　B. 偏重发展性目标

C. 两者兼顾　　　　　　　　　D. 两者都无

4. 你认为这节课在基本活动经验的落实上，做得_____。

A. 很落实　　　　B. 比较落实　　C. 一般　　　　　D. 不太落实

5. 你认为教师在注重学生思想方法的培养上_____。

A. 十分注重　　　　B. 较注重　　　C. 一般　　　　　D. 几乎没有

6. 你认为教师在课堂上提出的问题_____。

A. 富有挑战性　　　B. 略有价值　　C. 一般　　　　　D. 机械单调

7. 你觉得教师在注意学生的差异方面做得_____。

A. 好　　　　　　　B. 比较好　　　C. 一般　　　　　D. 差

8. 教师对学生的评价_____。

A. 积极有效　　　　B. 一般　　　　C. 无评价　　　　D. 差

9. 你觉得教师多媒体手段的使用 _____ 。

A. 恰到好处　　　　B. 效果一般　　　C. 华而不实　　　　D. 负面作用

10. 你喜欢这节课吗？ _____ 。

A. 喜欢　　　　　　B. 比较喜欢　　　C. 一般　　　　　　D. 不喜欢

二、问答题。

1. 本节课中，你最欣赏该教师的哪个教学环节？为什么？

2. 如果让你对这位执教者提出教学建议，以便他更好地发展，那么你最想对他说的是什么？

思考

根据上文介绍的教学实录及多维度的课堂观察数据，你预测听课教师会怎样评价"圆的面积"这节课？为什么？

表6-7　**听课教师调查问卷（共收到25份问卷）**

听课教师问卷调查内容	选　项	人　数	百分比（%）
1. 整堂课的教学氛围，你认为是 _____ 。	A. 轻松愉悦	5	20.0
	B. 一般	20	80.0
	C. 闹哄哄	0	0
	D. 死气沉沉	0	0
2. 如果课堂教学分三个水平，你认为这节课属于 _____ 。	A. 探究水平	20	80.0
	B. 理解水平	5	20.0
	C. 记忆水平	0	0
	D. 不太明显	0	0
3. 你认为这节课的教学目标的达成 _____ 。	A. 偏重知识技能	8	32.0
	B. 偏重发展性目标	12	48.0
	C. 两者兼顾	5	20.0
	D. 两者都无	0	0
4. 你认为这节课在基本活动经验的落实上，做得 _____ 。	A. 很落实	10	40.0
	B. 比较落实	15	60.0
	C. 一般	0	0
	D. 不太落实	0	0

听课教师问卷调查内容	选　项	人　数	百分比（%）
5. 你认为教师在注重学生思想方法的培养上_____。	A. 十分注重	8	32.0
	B. 较注重	14	56.0
	C. 一般	3	12.0
	D. 几乎没有	0	0
6. 你认为教师在课堂上提出的问题_____。	A. 富有挑战性	5	20.0
	B. 略有价值	12	48.0
	C. 一般	8	32.0
	D. 机械单调	0	0
7. 你觉得教师在注意学生的差异方面做得_____。	A. 好	3	12.0
	B. 比较好	5	20.0
	C. 一般	17	68.0
	D. 差	0	0
8. 教师对学生的评价_____。	A. 积极有效	9	36.0
	B. 一般	16	64.0
	C. 无评价	0	0
	D. 差	0	0
9. 你觉得教师多媒体手段的使用_____。	A. 恰到好处	25	100.0
	B. 效果一般	0	0
	C. 华而不实	0	0
	D. 负面作用	0	0
10. 你喜欢这节课吗？_____。	A. 喜欢	15	60.0
	B. 比较喜欢	8	32.0
	C. 一般	2	8.0
	D. 不喜欢	0	0

　　从教师听课反馈评价统计可知：①80％的听课教师认为本节课教学氛围一般，这可能与学习的内容比较抽象有关。当然，本节课执教者从教学导入到过程展开，一直是在纯数学情境中进行教学，学生很少有机会进行生活应用，每个环节的数学表达和概括化程度高，这也是听课教师认为教学氛围一般的主要原因。②有80％的听课教师认为这是一节探究性数学课，

有20%的教师认为这节课理解性的成分更高一些。总体来说，听课教师还是非常认同本节课属于探究水平设计，小部分教师更偏重认为其属于理解水平，这可能是因为师生问答方式比较单一，个别问题的思考空间小，以至于学生小步前进，自主探索与发现的研究味不浓。③问卷的第3～5题涉及本节课的教学目标达成情况，尤其是方法与过程的目标。统计显示，32%的听课教师认为本节课偏重于知识技能目标，48%的教师认为本节课偏重于发展性目标，还有20%的教师认为两者兼顾。在活动经验的落实上反映较好，100%的听课教师认为本节课重视或比较重视这一目标的落实。在数学思想方法的渗透上，有88%的听课教师认为十分重视。这些数据一方面反映出听课教师对本课教学目标制定与达成、"四基"的落实等方面给予了充分的肯定，另一方面也反映出听课教师比较认同这节课的设计和实施。④教师的提问水平和理答方式还有待提高。有20%的听课教师认为本节课的提问富有挑战性，有48%的教师认为问题略有价值，还有32%的教师则认为问题一般。这一题的选项比较分散，说明执教者提出的近一半甚至更多的问题，没有引发听课教师的思考或者说是共鸣，封闭性问题和单一指向的问题比较多，这一点是需要引起反思的。⑤问卷第7～8题主要针对学生的情况做一分析。如教师是否注意了学生的差异？教师对学生的评价？多数听课教师选择一般，这与执教者上课请到发言学生的分布和比例有直接的关系。执教者多次请成绩好的学生发言，势必造成对学习困难生的疏忽。不过，我们也在实录中看到执教者在练习巩固教学时，请了一位之前出错的孩子进行交流，耐心帮助她的片段。我们希望这样的片段在日常教学中尽可能多地出现。同时也希望教师在问题设置、练习层次上给予学困生更多的关注。⑥本节课教学多媒体的使用得到了高度评价。统计数据表明100%的听课教师都认为多媒体使用恰到好处，这也说明了信息化教学的必要性。尤其是几何教学，要引导学生用动态的观点研究物体的性质，多媒体的作用是不可替代的。但同时也要注意用好、用足，切莫用得华而不实，甚至造成负面影响。⑦有92%的听课教师选择喜欢或比较喜欢这节课，从一个侧面反映出这是一节好课。

7

教学后学情分析

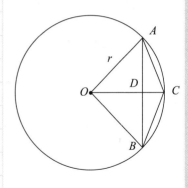

圆的面积教学后的学生情况分析，主要是研究两个方面的内容：一方面是学生在知识与技能方面的掌握情况，如圆面积的概念、面积公式的应用，解决实际问题等；另一方面是学生对于上圆的面积这节课，表现出来的情感态度，如他们是否喜欢这节课，对执教者的印象如何，等等。在第 5 章中，我们曾给出了三个教学设计。根据这三种教学设计，我们又在一所公办小学的六年级做了实践，跟进了教学效果的测试与统计分析，并对部分授课教师进行访谈。本章将就上述方面展开讨论。

7.1　教学后学生情感态度的发展

思考

你认为可以从哪些方面了解圆的面积教学后的情感态度表现情况？它与教学前的研究有什么不同？

7.1.1　情感态度的调查内容

在教学圆的面积前，我们已经对学生的情感态度起点进行了调查研究（详见本书第 4 章），了解到这个年龄段学生的数学情感、数学态度、数学价值观和数学学习习惯的一般表现。那么，在教学圆的面积后，针对某一个具体内容的学习，学生又将会表现出哪些情感态度呢？他们是否喜欢这节课？喜欢这样的教学方式？是否觉得圆的面积内容的学习有价值？是否积极参与到整个教学过程中？……为了进一步了解学生，我们有必要围绕"圆的面积"一课的教学过程展开更具"个性"特征的教学后测。本次教学后测从三方面来了解学生学习"圆的面积"一课时的情感态度表现情况：一是情感参与，即学生对这节课的喜欢程度，对解决数学问题是否感兴趣；二是行为参与，即学生是否能积极参与到探究圆面积计算公式的活动中，学生是否能持续进行研究；三是认知参与，即学生是否会应用已经学过的知识去解决新问题，学生习惯于记忆知识还是理解方法，等等。

本次教学后测仍然采用调查问卷和个别访谈相结合的方法展开。下面是一份圆的面积教学后学生情感态度调查问卷。

"圆的面积"教学后情感态度调查问卷

亲爱的同学：你刚学习了"圆的面积"一课，我们很想了解你对本节课的一些想法，想了解你参与本节课学习的情况，请根据自己的真实想法，实事求是地选择最接近的答案，并将相应的选项填写在（）里，谢谢你的合作！

性别：男（　　　）女（　　　）

1. 上课前，你对新内容的学习好奇吗？（　　　　）

A. 好奇　　　　　　B. 一般　　　　　　C. 不好奇

2. 你喜欢上今天这节数学课吗？（　　　）

A. 喜欢　　　　　　B. 一般　　　　　　C. 不喜欢

3. 你觉得今天所学的圆面积知识对今后的学习有用吗？（　　　）

A. 有用　　　　　　B. 一般　　　　　　C. 无用

4. 你觉得数学课上，老师对你关注吗？（　　　）

A. 关注　　　　　　B. 一般　　　　　　C. 不关注

5. 你觉得自己这节课表现怎样？（　　　）

A. 很好　　　　　　B. 一般　　　　　　C. 不好

6. 你积极参与了探索圆面积计算方法的活动吗？（　　　）

A. 积极　　　　　　B. 一般　　　　　　C. 不积极

7. 你觉得在小组内合作讨论学习愉快吗？（　　　）

A. 愉快　　　　　　B. 一般　　　　　　C. 不愉快

8. 在讨论数学问题时，你很想表达自己的观点吗？（　　　）

A. 很想　　　　　　B. 一般　　　　　　C. 不想

9. 你觉得自己今后能应用转化方法解决新的问题吗？（　　　）

A. 能　　　　　　　B. 一般　　　　　　C. 不能

10. 你觉得自己完成数学课堂中作业的正确率高吗？（　　　）

A. 很高　　　　　　B. 一般　　　　　　C. 不高

11. 通过今天的学习，你还想继续学习有关圆的知识吗？（　　　）

A. 很想　　　　　　B. 一般　　　　　　C. 不想

12. 你还有什么话想对今天的数学老师说？请你写下来。

_____

_____。

7.1.2　情感态度的调查结果

　　我们选择了进行过教学前测的班级，跟踪做了教学后测，对数据做了整理分析，调查结果见表 7-1。

表7-1 圆的面积教学后情感态度结果统计表

调查内容	选 项	人 数	百分比（%）
1. 上课前，你对新内容的学习好奇吗？（ ）	A. 好奇	25	83.3
	B. 一般	5	16.7
	C. 不好奇	0	0
2. 你喜欢上今天这节数学课吗？（ ）	A. 喜欢	26	86.7
	B. 一般	4	13.3
	C. 不喜欢	0	0
3. 你觉得今天所学的圆面积知识对今后的学习有用吗？（ ）	A. 有用	30	100.0
	B. 一般	0	0
	C. 无用	0	0
4. 你觉得数学课上，老师对你关注吗？（ ）	A. 关注	12	40.0
	B. 一般	15	50.0
	C. 不关注	3	10.0
5. 你觉得自己这节课表现怎样？（ ）	A. 很好	20	66.7
	B. 一般	10	33.3
	C. 不好	0	0
6. 你积极参与了探索圆面积计算方法的活动吗？（ ）	A. 积极	20	66.7
	B. 一般	10	33.3
	C. 不积极	0	0
7. 你觉得在小组内合作讨论学习愉快吗？（ ）	A. 愉快	14	46.7
	B. 一般	16	53.3
	C. 不愉快	0	0
8. 在讨论数学问题时，你很想表达自己的观点吗？（ ）	A. 很想	15	50.0
	B. 一般	7	23.3
	C. 不想	8	26.7
9. 你觉得自己今后能应用转化方法解决新的问题吗？（ ）	A. 能	19	63.3
	B. 一般	8	26.7
	C. 不能	3	10.0

续表

调查内容	选 项	人 数	百分比（%）
10. 你觉得自己完成数学课堂中作业的正确率高吗?（　　）	A. 高	22	73.3
	B. 一般	8	26.7
	C. 不高	0	0
11. 通过今天的学习，你还想继续学习有关圆的知识吗?（　　）	A. 很想	20	66.7
	B. 一般	10	33.3
	C. 不想	0	0
12. 你还有什么话想对今天的数学老师说? 请你写下来。	我很喜欢上这样动手活动的课，希望老师以后多安排。 今天课堂上看到圆的分割太神奇了，希望以后还有这样的课件。 不知道除了我们上课研究圆面积的方法，还有别的方法吗? 希望老师下次再来给我们上课。		

　　从教学后情感态度统计结果，我们可以看到：①83.3%的学生对数学知识充分好奇，这是一个可喜的现象。好奇心是学生寻求知识的动力，是激发学习兴趣和探究欲望的源泉。在数学课堂上，教师要保护好学生这份好奇心，通过自身的教学智慧和教学艺术，激发学生学习数学的原动力。②有86.7%的学生喜欢这节数学课，这个数据表明学生对本节课的整体评价。喜欢这节课也可以理解为喜欢这个内容、喜欢上课教师、喜欢教学环节的设计、喜欢教学方式和学习方式、喜欢这样的学习氛围。因此，这个数据可以侧面反映出这是一节好课。③所有学生一致认为学习圆面积的知识对今后的学习、生活有用。这里可能有两种观点：一是学生的数学价值观，他们认为学习数学知识总是有用的；二是学生认为圆是生活中十分常见的图形，它在日常生活中被广泛地使用，而学习圆面积的知识，总是可以帮助解决一些实际的问题。④只有40%的学生认为课堂上教师是比较关注自己的，50%的学生认为一般，还有10%的学生甚至认为自己不被老师关注。很明显，在"圆的面积"一课的教学中，执教者对学生的关注度是不够的。分析里面的原因有：一是本节课的教学内容容量大，教学节奏相

对比较快，教师没有太多的时间来关注学生；二是本节课的数学活动比较多，教师虽然也到各小组进行巡回指导，但往往关注小组活动进程和活动内容，对于小组内的每个成员关注不够；三是圆面积的推导难度较大，尤其是数学语言的表达，为了提高效率，教师往往请一些能力强、表达好的学生来发言，这样一来势必造成对其余学生关注度减少。要提高对每个学生关注程度，建议教师放慢教学节奏，增加提问面，降低问题难度，让不同层次的学生都有机会来展示与表达。⑤大部分学生对自己在这节课的表现满意，满意率是66.7%，还有33.3%的学生认为自己的表现一般，这组数据表明六年级学生自我意识的增加，对自己要求的提高。⑥大部分学生都能积极地参与到圆面积计算公式推导的探究活动中，有66.7%的学生认为自己表现很积极，33.3%的学生认为自己表现一般，但没有人认为自己不积极。由此可知，这节课学生的行为参与情况是很不错的，这与教师设计有效的数学活动环节是密切关联的。学生在数学活动中，有目的地动手实践、自主探究、合作交流，有效地促进了数学思考。⑦只有46.7%的学生认为小组合作很愉快。出现这样的数据，需要引起思考。分析目前的小组合作学习现状，分析可能的原因有：一是分组不合理，可能会出现小组内成员相互不友好，或者是好生独当一面，其他学生没有机会参与；二是任务不明确，小组活动效率不高；三是组内分工不明确，大家抢着操作或都不愿意操作，等等。⑧有近三分之一的学生在讨论数学问题时，并不是很想表达自己的观点。说明在这节课中，老师设计的讨论与交流的问题对这部分学生吸引力不够，又或者是因为问题有难度。当然也有可能是因为学生受原来的学习方式影响，没有养成积极思考勇于表达交流的好习惯。⑨从对学生是否能应用"转化"方法、作业的正确率是否较高的选择情况看，本节课的教学效果还是比较理想的。分别有73.3%和63.3%的学生自信能掌握圆面积计算公式的应用和方法的使用。这是一个好现象。⑩少部分学生在最后一题写出了自己的一些想法，从他们的文字表述可知：学生对这节课的教学方式和学习方式十分认同和喜欢；学生对动态研究圆的逼近过程非常感兴趣，吸引力大；学生希望能多了解关于圆的其他知识，有持续研究的欲望。以上几点证明，在"圆的面积"一课的教学中，学生不仅能积极做到行为参与，而且情感参与和认知参与也是非常积极有效的。

为了更深入全面地了解学生学习状态，我们在学生问卷调查的基础上，选择了部分学生进行个别访谈。个别访谈可以选择有代表性的学生（作为典型样本），也可以根据学生在问卷中的回答情况，选择一些典型的学生进行访谈。下面是针对"教师课堂关注程度"和"小组合作学习情况"两个维度选择的访谈记录。

[访谈1]

师：你好！你刚才做了这一张问卷，老师发现你做得很认真。你在回答第4个问题"你觉得数学课上，老师对你关注吗？"时，选择了"一般"。能说一说原因吗？

生：老师上课不太看我。

师：你希望老师上课经常看你？

生：因为每次举手，老师总是不看我，叫其他的同学回答。

师：这节课你举了几次手？

生：大概三四次吧。老师都不请我回答，后面我也就不举手了。

师：今天的圆面积公式你记住了吗？

生：这个我知道的。

师：后面的课堂作业你完成情况怎样？

生：我全对。

师：好的，谢谢你。

[访谈2]

师：你好！你刚才做了这一张问卷，老师发现你做得很认真。你在回答第4个问题"你觉得数学课上，老师对你关注吗？"时，选择了"一般"。能说一说原因吗？

生："一般"是因为老师没有像关注"×××"一样关注我。

师：为什么这样认为？

生：老师上课总是请那几个女生回答，我们举手很少被请到。

师：你举了几次手？

生：我大概举了4次吧。

师：老师请你回答了吗？

生：请了1次。

师：你回答的是什么？回答对了吗？

生：我回答圆的面积与半径有关。

师：你回答得很好呀。

生：老师当时是表扬了我，但是后面我举手，他都请别的同学，尤其那几个女生回答的。

师：哈哈，不管老师请谁回答问题，你还是要坚持思考。谢谢你。

[访谈3]

师：你好！你刚才做了这一张问卷，老师发现你做得很认真。你在回答第4个问题"你觉得数学课上，老师对你关注吗？"时，选择了"不关注"。能说一说原因吗？

生：老师没有看过我。

师：你希望老师看你吗？

生：无所谓。

师：你的座位在哪里？

生：最边上一组的最后一个。

师：平时上课，老师会看你吗？

生：很少看。

师：你举手发言了吗？

生：没有。

师：为什么？你不会吗？

生：有些会，有些不会。

师：你平时上课举手吗？

生：一般都不举手。

师：你今天的课堂作业完成情况如何？

生：我第一题对的，第二题来不及做。

师：课后赶紧补起来，有不懂的问老师，好吗？

生：好的。

从上面三个学生的访谈，可以得到几点启示：①每个学生都希望得到教师的关注。因此，教师在课堂教学中，要多用目光"扫视"全班，不要总是把目光朝着一个方向。②尽可能地多让学生发言，提问的面要广，不要集中对优等生进行提问，让优等生有机会发言，而忽视中、下学生。③学生回答问题时，要耐心倾听，多正面鼓励表扬。④小组合作与交流，要进入组内关注每一个组中学生的投入情况，引导学生积极参与到小组活动中去。

[访谈 4]

师：你好！你刚才做了这一张问卷，老师发现你做得很认真。你在回答第 7 个问题"你觉得在小组内合作讨论学习愉快吗？"时，选择了"一般"。能说一说原因吗？

生：刚才这节课我没有在小组里面交流。

师：为什么没有和大家一起交流？

生：我自己在思考，但是想不出来。

师：小组的同学发现了吗？他们帮助你了吗？

生：小组活动的时候，其他几个同学在交流好方法，我因为没有方法，就没有去听。

师：今天学的圆面积公式，你学会了吗？

生：我后来学会了。

师：像这样的小组活动，平时上课多吗？

生：也有的。

师：你和大家一起讨论吗？

生：有时也会讨论的。

师：你们小组的其他同学，学得怎样？

生：我觉得其他三个同学都学得非常好，很有自信。

师：你也要有自信，一定能学好的。

我们对该生旁其他 3 个小组成员也进行了访谈。

生 1：我觉得我这节课学得很好。

生 2：我有很大的收获。

生 1、2、3：小组活动我们在一起讨论圆的面积一共有几种转化方法。老师要求我们先独立思考，然后小组讨论，最后推荐一个代表发言。小组要比一比。

生 1：在讨论的时候，我最关心的问题是谁的方法最多，有没有人超过我。我一共想出来 4 种。

生 3：我最关心的是谁的方法最好、最多。

生 2：我认为方法有多少种不重要，最重要的是思路。如果有人思路错了，我们要提醒他，不然的话要影响我们组的荣誉。

生1、2：在小组活动的时候，我们发现有一个同学没有参与。

生3：我没有发现。

生1：我们每人在报自己的方法时，有一个同学没有报。我就去看他，没想到他正在发呆。

生2：我们三个人在讨论时发现少了一个，就去看他，他正在发呆。我想他平时学习成绩就不是很好，可能他想不出来吧。

生1：他平时脑子也不是最好使，我想他一定是想不出来。我说："你怎么不讨论?"他"嗯"了一下就转身，我也就不理他了。

生3：我就是把我自己的一个方案给他，叫他说出来。

生2：我想下课以后再去帮助他。但是辅导后，到第二天他经常又忘记。

我们对听课教师和专家进行了相关访谈，整理出一份专家针对"小组合作交流"的点评：

我们看到这个小组在整个交流合作的过程中表现出来的行为。对小组合作交流涉及的不同人，我们不妨做如下考虑。

第一，教师。教师是组织者，当学生以小组为单位开始活动时，教师应该兼顾整个班级的活动情况，应该关注每一个孩子是不是积极主动地参与小组的交流与合作。如果教师要参与到一个小组活动中去，应该先倾听。首先要关注这个小组内的所有学生，观察他们是不是围绕着某一个学习问题、要达成的某一个目标、要完成的某一种任务在积极地展开交往合作。其次要关注学生交往与合作的程度。最后才是数学的知识、技能、目标等任务的落实情况。我们也注意到，小组活动时教师进入到这个小组，可是教师并没有关注所有孩子的参与情况，只是在询问研究的方法。因此，教师在学生合作学习时的组织作用要充分地发挥。

第二，同伴。在这个小组中，本该有4个孩子进行转化方法的交流。但实际只有3个孩子在交流，一个孩子游离于小组之外。作为同伴，前者有责任去提醒后者参与到讨论中来。像这样的现象，我们要引起重视，要注意培养学生的责任感和团队意识。

第三，这个孩子本身。这个孩子自己要有意识和观念，我想做什么、想完成什么，自己要主动地进入小组合作活动中去，这一点是非常重要的。我们不能盲目地断定这个孩子数学学习的水平，但从他的行为习惯来看，当其他小组成员在讨论问题时，他却不断地在站起坐下、摇晃，这种姿势说明孩子的行为习惯有问题。他不能积极参与到合作讨论中去，他的学习质量就会受到影响。

所以，从人的角度来讲，每一个人都要考虑自己所要承担的责任和义务。该帮助的要帮助，该提醒的要提醒，该参与的要参与。

这个片段给我们非常重要的启示：我们在实施的过程中，把转变学生的学习方式作为十分重要的理念来推行。我们甚至这样说，新课程比较强调合作交流学习方式的培养。这样一种能力和素养的培养，是新课程推进的重要基础。教学圆的面积时，每个孩子是在独立思考的基础上进行交流，不断表述"我是怎样转化的"这样一个问题的。如果这些孩子缺少交往与合作的意识和技能，那他们的学习质量必然会受到一定程度的影响。

就培养学生交往与合作的意识而言，学生在一起生活、学习，就组成了一个团体，这个团体中的成员是有相互关联的人。因此，作为个体来说，他应该积极主动地参与到集体活动中；作为团体的组织者，他应该让每一个孩子进入到每一个合作的行列中去。这种意识是应该让每一个成员都加强的，有了这种意识才有可能促成有效的合作交流。

就培养学生合作交流的技能而言，合作与交流尽可能要在独立思考的基础上开展。交流必须要学会表达与倾听。如何去表达自己的思想，如何将自己解答问题的思维过程简单明了、富有逻辑、富有结构地表达，能使得同伴听懂，这既是对自己负责，也是对别人负责。如何表达是要学习的，它成为合作与交往当中的一个基本技能，倾听也是同等的重要。合作需要分工，这样就要求每一个孩子有全局的观念。最理想的是有一个组织者，然后大家商量着，根据自己的特长、爱好承担并完成某一项任务，从而达到整个组作为团体解决问题的目标。

一句话，我们在开展新课程理念指导下的课堂教学合作交流时，对学生之间的这种学习方式的转变，要予以足够的关注。这样的案例非常难得，它为我们不断反思自己的行为提供了一个平台。有了这样一个基本的平台，我们可以展开细致的分析，对交往与合作过程中学生的各种行为予以估计、推断，进而合理指导与矫正，最终一定会促进教师专业水平的发展。

7.2　教学后学生知识技能的掌握

对"圆的面积"教学后学生学习状况的研究，除了开展情感态度的调查分析，还要研究学生学习了圆的面积公式推导后，对所学知识的掌握情况，这是对学生学习情况评价的一个重要内容。通过对学生学习情况的评价，我们可以进一步评价教师教学的情况。要了解学生对所学圆面积知识的掌握情况，我们制定了教学后测卷。

> **思 考**
>
> 你认为可以从哪些方面了解"圆的面积"教学后的知识技能掌握情况?

7.2.1　知识技能的调查内容

"圆的面积"教学后测内容，主要从两个方面来考虑：一方面，依据课程标准的目标要求。《义务教育数学课程标准（2011年版）》对"圆的面积"教学提出了具体要求——探索并掌握圆面积计算公式。根据标准的要求，可细化为①圆面积概念的掌握与理解；②圆的周长与面积的联系与区别；③对圆面积计算公式推导过程的理解；④圆面积的公式应用。在测查应用能力时，主要考虑最基本的应用。比如，已知半径、直径求圆面积。另一方面，依据课堂教学的目标要求。在不同的价值取向下设计的教学环节，会有不同的教学目标。比如，有的课体现数学文化，有的课重视活动经历，有的课强调知识应用，等等。因此，教学后测卷要根据这堂课的教学目标而制定。本次教学后测卷是根据第5章提供的教学设计编制的，下面是一份"圆的面积"教学后知识技能调查卷。

"圆的面积"教学后知识技能调查卷

亲爱的同学：你刚学习了"圆的面积"一课，我们很想了解你对本节课知识的掌握情况，请仔细审题，认真完成下面的练习，谢谢你的合作！

班级_____ 姓名_____

一、填空。

1. 圆的面积就是（   ）。

2. 圆的大小由（   ）决定，圆的位置由（   ）决定。

3. 在推导圆面积计算公式的过程中，圆可以转化成（   ），它的（   ）相等于圆的（   ），它的（   ）相当于圆的（   ），所以圆的面积等于（   ）。

4. 如右图，圆的半径是 3 厘米，大正方形的面积是（   ），小正方形的面积是（   ）。

二、求下列各圆的面积。

(1) $r = 6$cm;　　　　(2) $d = 8$dm;　　　　(3) $C = 18.84$m

三、解决问题。

1. 有一个圆形蓄水池，它的周长约是 31.4 米，它的占地面积约是多少？

2. 一个运动场跑道的形状与大小如下图，两边是半圆，中间是长方形，这个运动场的周长和占地面积分别是多少？

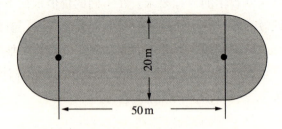

3. 用一条 6.28 米长的绳子围图形，怎样围面积最大？

四、把一个圆平分成若干等份后，拼成近似的梯形或三角形，可以推导出圆面积计算公式吗？请选择一种方式，尝试写一写。

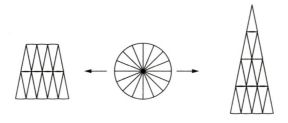

7.2.2 知识技能的调查结果

我们对学生进行了教学后测，并对数据做了整理分析，调查结果见表 7-2。

表 7-2 "圆的面积"教学后知识技能结果统计表

	测试内容	正确人数	正确率（%）	典型错误	简要分析
一、填空	1. 圆的面积就是（ ）。	30	100.0	个别学生的表述不是很规范，如"圆的面积就是圆里面区域的大小"，"圆的面积就是圆面的大小"，等等。	从字面意思看，这些学生是理解圆面积概念的，因此把他们计入正确人数。

续表

	测试内容	正确人数	正确率（%）	典型错误	简要分析
一、填空	2. 圆的大小由（　）决定，圆的位置由（　）决定。	30	100.0	无	这个知识在学习圆的认识时就已经渗透，这节课又强化了圆与半径的关系，所以掌握情况很好。
	3. 在推导圆面积计算公式的过程中，圆可以转化成（　），它的（　）相等于圆的（　），它的（　）相当于圆的（　），所以圆的面积等于（　）。	25	83.3	第一种情况：转化成三角形，底相当于周长的一半，高相当于半径；第二种情况：转化成梯形，上底相当于周长的……下底相当于周长的……高没有写。	绝大多数学生选择转化成长方形和平行四边形，正确率高。个别学生选择转化成三角形和梯形，相对关系找错。
	4. 如右图，圆的半径是 3 厘米，大正方形的面积是（　），小正方形的面积是（　）。	26	86.7	2 人写圆的面积是 36 平方厘米，3 人未回答此题。	小正方形的边长要通过转化成三角形后间接获得，所以个别学生有困难。
二、求圆面积	(1) $r = 6$cm	29	96.7	第（2）小题直径没有除以 2，直接当作半径来计算了；第（3）小题周长转化成半径时出现错误。	主要问题是直径或周长转化成半径时出现错误，其次是计算出错。
	(2) $d = 8$dm	27	90.0		
	(3) $C = 18.84$m	25	83.3		

	测试内容	正确人数	正确率（%）	典型错误	简要分析
三、解决问题	1. 有一个圆形蓄水池，它的周长约是31.4米，它的占地面积约是多少？	26	86.7	周长转化成半径时出现错误。	主要问题还是周长转化成半径时出现错误，其次是计算出错。
	2. 一个运动场跑道的形状与大小如下图，两边是半圆，中间是长方形，这个运动场的周长和占地面积分别是多少？	22	73.3	3人占地面积算错，其中1人不会做，1人半径转化错误，1人计算错误。6人周长算错。其中1人不会做，其余8人把长方形的2条宽边也计算进去了。	计算组合图形的面积情况尚可，但周长的错误率偏高。主要原因有审题和对周长概念理解不到位。
	3. 用一条6.28米长的绳子围图形，怎样围面积最大？	12	40.0	大部分学生空着没有做，做的学生没能得出最终的结论。	这是一个研究性问题，大部分学生没有解题思路。
四、公式推导	把一个圆平分成若干等份后，拼成近似的梯形或三角形，可以推导出圆的面积计算公式吗？请选择一种方式，尝试写一写。	16	53.3	14人有错误，其中8人算式正确，在公式归纳环节出现错误。	圆转化成三角形和平行四边形相对比较难，尤其是公式的归纳，因此错误率较高。

对教学后知识技能统计结果，我们可以分成两类来整理分析。

第一类：掌握情况较好。

通过对学生课堂上的观察、课后测查以及对学生作业的分析，有关圆面积的知识，掌握情况比较好的有：圆面积的概念，推导圆面积的方法、已知半径直径求圆面积，简单的应用性问题。

（1）圆面积的概念

对于圆面积概念的理解，100% 的学生已经掌握，他们不但可以完整表述圆面积的定义，也知道圆与半径之间的关系，知道半径决定了圆的大小。

（2）推导圆面积的方法

统计数据显示，有 83.3% 的学生能正确表达圆面积转化成其他直边图形的过程，能清晰地比较转化前后两个图形间的对应关系。虽然有 16.7% 的学生出现了错误，但这些学生并非不理解转化方法，而是表述能力本身较弱。当然，缺少直观演示图，也是给学生造成困难的主要原因。这个年龄段的学生以直观形象思维为主，他们对几何形体的认识、比较、分析都是建立在具体形象基础上的。一旦隐去了直观图，一部分学生头脑中的表象能支撑其对题目的理解，但也有相当数量的学生就会有困难。看来，在几何领域要加强几何直观教学，教师要有意识地强化基本图形的运用，让学生经历观察、发现、描述、理解、记忆的过程，培养空间观念。

（3）已知半径、直径求圆的面积

有超过 96% 的学生能够正确解决已知半径求圆的面积的问题。这主要是因为这类练习属于直接应用公式计算，学生不需要做其他思考，只要计算正确掌握的情况就会好。已知直径求圆面积的正确率略低一些，但也有 90% 以上的学生掌握较好。如果有一些差错，那就是忘记除以 2，或者是计算的原因。但同时，我们也不能忽视"少除以了 2"这样的错误，这既关系到计算结果的正确率，也会反映学生对公式的理解和学习习惯的问题。

（4）解决简单的应用性问题

从统计数据看，学生能运用圆的面积公式解决简单的应用性问题。测试第三大题的第 1 小题有 26 人做对，正确率是 86.7%。4 个学生算式正确，做错的主要原因是周长转化成半径出现错误。第 2 小题对运动场的占地面积的计算有 27 人正确，错误原因与上题相似。这说明，学生会分析题目的含义，区分周长与面积之间的关系，已经具备了一定的解决问题的能力。但学生对于周长转化成半径的练习熟练程度不够，他们往往只用了"$31.4 \div \pi$"一个算式，因此要加强逆向思维的训练。

第二类：掌握情况欠佳。

从教后测查以及对学生作业的分析，掌握情况欠佳的有：解决开放性应用问题、圆面积计算公式的归纳过程。

（1）解决开放性应用问题

解决问题第 3 小题"用一条 6.28 米长的绳子围图形，怎样围面积最大？"是一个非常规问题。学生需要在新情境下探索、推理并有效地利用数学方法解决问题。在解决问题的过程中学生的能力得到增强，思维得到锻炼，同时还可以获得新的知识。从统计结果看，只有 40% 的学生通过努力有了初步的结论。还有 60% 的学生没有成功解决问题。我们进一步分析了学生解题的过程，发现有初步结论的学生采用了尝试的方法。他们根据对对话的提示，确定了围成的三种图形——长方形、正方形和圆，然后分别计算，并比较了计算结果，最后得出结论。这些学生的解题思路清晰，具备较好的公式应用基础，有比较、分析和推理的能力。没有成功解决问题的学生出现了两种情况：一种是看不懂题意，直接放弃；另一种是先尝试解决，在解题的过程中出现了错误或者出现了问题，中途放弃。这说明，目前数学课堂中解决问题能力的训练还是不够的。认知心理学研究表明，解决问题的含义实质是数学思考，它指一种受目标指引的认知性操作序列，是一种认知活动。解决问题一般有认清问题、分析问题、提出设想、选定方案并解决、进行反思五个步骤。如第一步，认清用一条 6.28 米长的绳子围图形是什么意思？题目要解决什么问题？第二步，收集必要的信息，弄清问题中涉及的知识点。不断观察和思考一些值得注意的细节，从对话图中获取可以围成正方形、长方形、圆形等有价值的线索。第三步，提出计划，想一想解决这个问题的关键、序列，通过尝试比较得到一个方案。第四步，找到方法，按步解决问题，得出结论。第五步，在产生结论后进行反思，看看是否有改进的地方。这样的解题过程，实质上是一个探索过程而不是操作过程，有利于培养学生发现问题、提出问题、解决问题的能力，有助于学生思维的新颖性和独创性的发展。

（2）圆面积计算公式的归纳过程

学生对推导圆面积的方法掌握情况较好，但圆面积计算公式的归纳过程掌握情况欠佳，只有 53.3% 的学生能独立经历归纳推导的过程。分析学生的作业过程，答题正确的学生解题思路清晰，符号表达完整，有较强的归纳概括能力，如图 7－1。

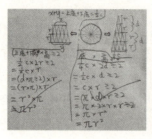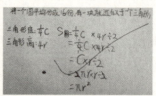

图 7 - 1

题目原本只要求学生选择一种方式进行公式的推导，但观察图 7 - 1 中左边学生的作业可以发现，该生将两种方式都演绎了一遍（像这样两种方式都推导的学生共 8 人，其中 7 人是正确的），可见其对自己的掌握情况和学习能力充满自信。这两位学生的推导过程有 3 个共同特点：一是目标明确，先将圆转化成三角形或梯形，然后用已知图形的面积计算方法推导未知的圆的面积计算公式。二是方法得当，两位学生都是先将部分信息进行归纳、整理，得到相对简单的数据，再进行化简。如图 7 - 1 中左边的学生作业，先将梯形的上底、下底和高进行了第一次的归纳，把梯形的上底与下底之和用 $\frac{1}{2}C$ 表示，高用 $2r$ 表示。右边学生的作业，将三角形的底看做 $\frac{1}{4}C$，高看做 $4r$。这样的归纳对于推导意义的理解是十分有必要的，同时也有利于公式的化简。三是步骤清晰，两位学生的化简过程展示充分，采用的是逐次化简的方式，最后得出了圆面积的计算公式。这样的解题过程是我们提倡的，也是课堂实践中需要重点展开的教学内容。

出现推导错误的原因，主要有四种情况：一是不会；二是列式错误；三是公式归纳错误；四是公式归纳不完整。

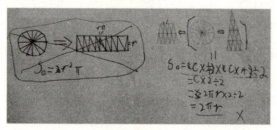

图 7 - 2

图7-2反映了这个学生尝试解决推导问题的过程。首先，他用图示的方式展示了圆转化成长方形的过程，用字母公式表达推导的结果。然后把这一过程划去，重新选择了圆转化成三角形的推导方式。但是在这个推导过程中，三角形的高表示错误。这说明：第一，该生审题不够仔细；第二，他头脑中圆的面积公式推导的各种方法中，转化成长方形的印象最深刻；第三，转化成三角形推导时，数学信息的收集容易错；第四，公式归纳有难度。

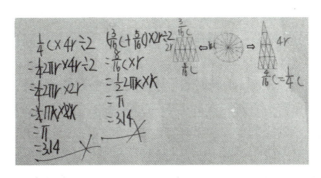

图7-3

在图7-3中，推导方法和算式都是正确的，但在公式归纳和化简的过程中出现错误。说明学生的符号意识、字母参与运算的能力较弱。

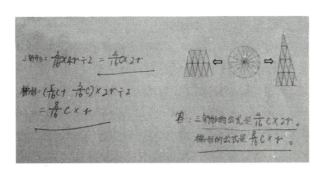

图7-4

图7-4属于公式归纳不完整，这是一份比较有代表性的学生作业。一部分学生对字母 C 与 $2\pi r$ 的等价关系缺乏认识，或者不能灵活使用于代数式的化简上。在数学学习中，无论是概念、公式的学习还是问题解决，都涉及用符号、字母去表征数学对象，并使用它们去进行计算、推理，从而

得到一般性的结论。因此，在圆面积计算公式推导的教学中，教师要有目的地让学生理解符号和字母的含义，经历表征、运算、推理、归纳、概括的过程，培养学生的符号意识和代数思维，增强数学表达和符号思维的变通性、迁移性和灵活性。

通过教学后的学生情感态度和知识技能掌握情况研究，可以让我们较全面地了解学生学习圆的面积相关知识的过程和结果，以此更好地激励学生的学习和改进教师的教学。

最后，仍要强调的是，圆的面积仅仅是"一课研究"系列中的一项研究，研究的目的是帮助一线教师掌握本体知识、把握教学目标、理解教材意图、展开有效教学，最终促进教师的专业发展。因此，圆的面积教学研究更侧重于实践性，而不是理论性。我们在展开研究的同时，也感觉到从研究的内容到研究的方法还有许多不足，可做进一步深入细致的分析。如教材比较理论背景研究、教学设计理论背景研究、基于儿童心理和认知规律的练习设计层次研究、不同教学设计对学生学习效果的比较研究，等等。此外，影响教学活动的因素还有很多，如教师本人的知识结构、数学素养、教学风格都有可能影响课堂教学效果，这也是值得进一步研究的问题。

参考文献

鲍建生，等.2009.数学学习的心理基础与过程［M］.上海：上海教育出版社：4-6.

蔡金法.2007.中美学生数学学习的系列实证研究［M］.北京：教育科学出版社：20.

曹培英.2000.中日小学数学教材的比较研究［J］.课程·教材·教法(6)：52-55.

曹培英.2004.小学数学教学改革探析［M］.北京：人民教育出版社：360.

曹一鸣.2012.十三国数学课程标准评价：小学、初中卷［M］.北京：北京师范大学出版社：163.

陈仁政.2005.说不尽的 π ［M］.北京：科学出版社：2-3.

陈瑶.2002.课堂观察指导［M］.北京：教育科学出版社.

程彦.2008."圆的面积"教学设计［EB/OL］.［2012-01-02］.http：//www.pep.com.cn.

格劳斯.1999.数学教与学研究手册［M］.陈昌平，等，译.上海：上海教育出版社：645.

顾泠沅.2003.教学改革的行动与诠释［M］.北京：人民教育出版社.

黄建弘.1995.小学数学教育比较研究［M］.成都：四川教育出版社：9.

课程教材研究所.1999.20世纪中国中小学课程标准·教学大纲汇编：数学卷［M］.北京：人民教育出版社：15.

雷玲.2007.好课是这样炼成的：品读名师经典课堂（数学卷）［M］.上海：华东师范大学出版社：152.

梁宗巨.1995.数学历史典故［M］.沈阳：辽宁教育出版社.

刘凌芳.1999.圆的面积计算［J］.小学数学教育(4)：28.

刘善林.1997."圆的面积"教学设计［J］.中国小学教育(1/2)：46-47.

倪蕊香.2000.重视培养学生的数学语言表达能力［J］.陕西师范大学继续教育学报(12)：93-94.

人民教育出版社编辑.1978.几何：第一册［M］.北京：人民教育出版社：229.

《数学辞海》编辑委员会 . 2002. 数学辞海：第一卷［M］. 北京：中国科学技术出版社：182.

邵光华 . 2009. 作为教育任务的数学思想与方法［M］. 上海：上海教育出版社.

邵虹 . 2011. "圆的面积"教材比较研究［J］. 小学教学：数学版（1）：15 – 17.

沈丹丹 . 1997. "圆食"问题［J］. 小学教学研究（4）：29.

隋鑫 . 1996. 圆的面积［J］. 小学数学教育（7/8）：37 – 39.

王汉生，等 . 1983. 简易微积分［M］. 北京：人民教育出版社：156.

王九红 . 1999. 圆的面积教学设计［J］. 小学数学教育（5）：38 – 39.

王蕾 . 1997. 圆的面积［J］. 小学数学教育（1/2）：33 – 34.

王念利 . 2004. 对"圆面积公式的推导过程"的反思［J］. 小学数学教参（32）：8 – 10.

王笑慰 . 1999. 圆的面积教学实录［J］. 小学数学教师（4）：43 – 48.

杨兴放 . 2001. 没有规矩何以成方圆［J］. 中小学数学（3）：65.

杨秀莉，董延玲 . 2000. "圆的面积"教学设计与评析［J］. 小学数学教育（11）：42 – 43.

张奠宙，等 . 2009. 小学数学研究［M］. 北京：高等教育出版社.

章旭皓 . 1982. 圆面积的计算［J］. 小学数学教师（2）：12 – 13.

赵淑敏 . 1999. 圆的面积教学设计与评析［J］. 小学数学教育（5）：35 – 37.

郑毓信 . 2006. 数学方法论入门［M］. 杭州：浙江教育出版社：9.

智衡 . 1996. 圆的面积教学设计［J］. 小学数学教育（6）：82.

周玉仁 . 1994. 全国小学数学特级教师课堂教学艺术集萃［M］. 济南：山东教育出版社：587.

附　录

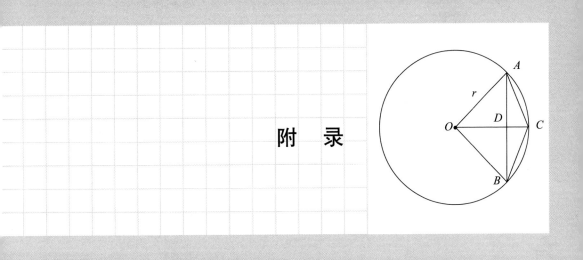

为方便读者查阅，特将前文进行比较研究的根据实验稿课标编写教材的完整图片和知识技能教学前测试卷作为附录呈现，具体包括：

    1. 根据实验稿课标编写的"圆的面积"教材图片；

    2. "圆的面积"知识技能教学前测试卷。

小贴士

获取更多有用、有趣的数学教学专业信息，增加专业阅读量，提高职业幸福感，请关注"一课研究"微信订阅号。

1 根据实验稿课标编写的"圆的面积"教材图片

（按出版社名称音序排列）

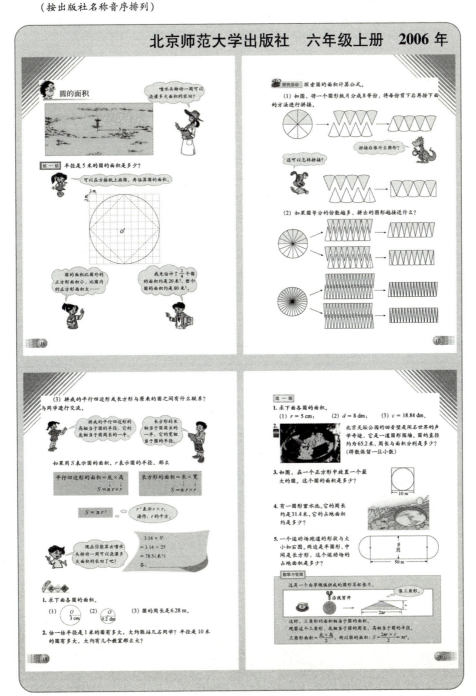

江苏教育出版社　六年级（上册）　　**2006 年**

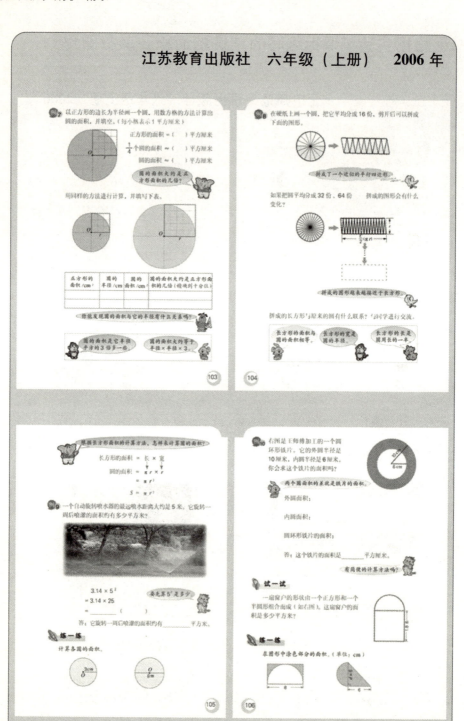

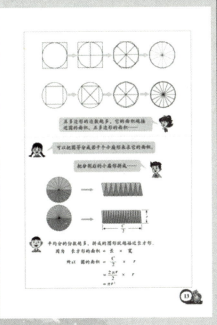

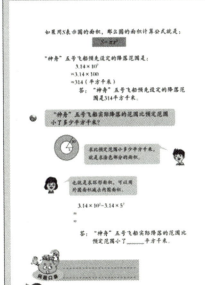

人民教育出版社　六年级上册　2006年

3. 圆的面积

怎样计算一个圆的面积呢？
能不能把圆转化成学过的图形来计算呢？

让我们来做一个实验。

在硬纸上画一个圆，把圆分成若干（偶数）等份，剪开后，用这些近似等腰三角形的小纸片拼一拼，你能发现什么？（可用附页1中的圆。）

这是一个近似的平行四边形。

我拼的更像这长方形。

如果分的份数越多，每一份就会越小，拼成的图形就会越接近于长方形。

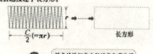

拼成的近似长方形的长和宽与圆的周长、半径有什么关系？

从上图中可以看出圆的半径是 r，长方形的长是（　），宽是（　）。

因为长方形的面积 =（　）×（　）

所以圆的面积 =（　）×（　）=（　）。

如果用 S 表示圆的面积，那么圆的面积计算公式就是

$$S = \pi r^2$$

1 圆形花坛的直径是20m，它的面积是多少平方米？

$$20 \div 2 = 10\,(m)$$
$$3.14 \times 10^2$$
$$= \underline{\hspace{2cm}}$$
$$= \underline{\hspace{2cm}}\,(m^2)$$

答：它的面积是 _____ m²。

2 光盘的银色部分是一个圆环，内圆半径是2cm，外圆半径是6cm。它的面积是多少？

怎样利用内圆和外圆的面积来求出环形的面积呢？

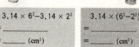

$$3.14 \times 6^2 - 3.14 \times 2^2$$
$$= \underline{\hspace{2cm}}$$
$$= \underline{\hspace{2cm}}\,(cm^2)$$

$$3.14 \times (6^2 - 2^2)$$
$$= \underline{\hspace{2cm}}$$
$$= \underline{\hspace{2cm}}\,(cm^2)$$

答：光盘的面积是 _____ cm²。

做一做

1. 一个圆形茶几桌面的直径是1m，它的面积是多少平方厘米？

2. 一个圆形环岛的直径是50m，中间是一个直径为10m的圆形花坛，其他地方是草坪。草坪的占地面积是多少？

练习十六

1. 完成下表。

半径	直径	面积
4cm		
	9dm	
	6m	
20m		

2. 公园草地上一个自动旋转喷灌装置的射程是10m，它能喷灌的面积是多少？

3. 小刚量得一棵树干的周长是125.6cm，这棵树干的横截面的面积是多少？

4. 计算下面各图形中阴影部分的面积。

5. 计算下面各圆的周长和面积。

6. 一个运动场如右图，两端是半圆形，中间是长方形，这个运动场的周长是多少米？面积是多少平方米？

100 m · O 32 m

7. 右面圆的半径是5cm，把它平均分成4份，其中1份的面积是多少？3份的面积是多少？

r＝5cm

8. 有一根绳子长31.4m，小红、小东和小林分别想用这根绳子在操场上围出一块地，怎样围面积最大？

我想围成正方形。　　我想围成圆形。

9. 在每个正方形中分别作一个最大的圆，并完成下表。

正方形的边长	1 cm	2 cm	3 cm	4 cm
正方形的面积				
圆的面积				
面积之比				

你发现了什么？任意选一个正方形，在其中画一个最大的圆，也能算出相同的结论吗？

10. 圆在生活中有哪些应用？为什么草原上的蒙古包是圆形的？为什么绝大多数植物的根和茎的横截面是圆形的？

你知道吗？
右图中，圆上A、B两点之间的部分叫做弧，读作"弧AB"。
一条弧和经过这条弧两端的两条半径所围成的图形叫做扇形。图中涂色部分就是扇形。
两条半径之间的∠1，顶点在圆心，像这样，顶点在圆心的角叫做圆心角。在同一个圆中，扇形的大小与这个扇形的圆心角的大小有关。

71　72

西南师范大学出版社　六年级（上）　2006 年

圆的面积

云南景洪的曼飞龙塔的塔身为圆柱形石作，底部周长是42.6m。

这个塔至少占地多少平方米呢？

1 估一估，数一数，圆的面积大约是多少？

圆面积比4个小正方形面积小，就比4r²小。

圆面积比3个小正方形面积大，比4个小正方形面积小。

把圆和小正方形放到方格纸上去看一看吧！

小正方形面积有16格，圆面积大约有……

圆面积是小正方形面积的3倍多一些，也就是半径平方(r^2)的3倍多一些。

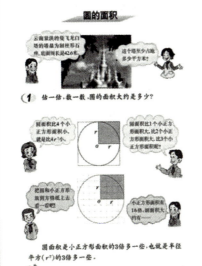

2 拼一拼，想一想

把一个圆分成若干等份后，像下面这样拼接。

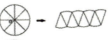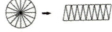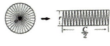

$\frac{C}{2}$

把圆等分的份数越多，拼成的图形越接近于平行四边形。

议一议　这个平行四边形与圆之间有什么关系？

$$平行四边形面积 = 底 \times 高$$

$$圆面积 = \frac{1}{2} \times C \times r$$
$$= \frac{1}{2} \times 2\pi r \times r$$
$$= \pi r^2$$

如果用S表示圆的面积，那么圆的面积计算公式就是：

$$S = \pi r^2$$

28　29

（3）修建一个半径是30m的圆形鱼池,它的占地面积约是多少平方米?

$S = \pi r^2$
$= 3.14 \times 30^2$
$= 3.14 \times 900$
$= 2826$（m²）

答:它的占地面积约是2826m²。

（4）量得一张圆桌的周长是4.4m,这张圆桌的面积大约是多少平方米?

半径:$4.4 \div 2 \div 3.14 \approx 0.7$（m）

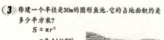
知道圆的半径,怎样求圆的面积呢?

面积:_____
　　=_____

答:这张圆桌的面积大约是_____。

试一试　你能解决第28页最上面的问题了吗?

课堂活动

1.讨论:把一个圆分成若干等份后,拼成近似的梯形或三角形,可以推出圆面积计算公式吗?

30

2.找一个圆形物品,量出它的直径或周长,再算出面积.

3.在一张正方形纸上,画出一个最大的圆,并求出这个圆的面积.

练习五

1.画一个半径为2.5cm的圆,再求出这个圆的面积.

2.公园草地上的自动旋转喷水器的射程是12m,它能喷洒的面积大约是多少平方米?

3.填表.

半径（cm）	直径（cm）	周长（cm）	面积（cm²）
	16		
		56.52	

4.求圆柱的横截面面积.(取π的近似值为3)

圆长是3米.

31

浙江教育出版社　六年级上册　2008 年

圆的面积　14

观察与提问
1.早能吃到的草地面积是多少?
2.圆面积的大小与什么有关系?
3.圆面积的计算公式是怎样的?

操作与交流
1.估计与猜测.
右图中的圆面积与小正方形面积有什么关系?

小正方形面积的2倍
（半径×半径×2）　<圆面积<　小正方形面积的4倍
（半径×半径×4）

2.剪一剪,想一想.

一张正方形的纸,照下面这样折,剪下一个等腰三角形,展开来就是一个近似于圆形的纸片.

随着折的次数不断增加,所剪下的图形的面积也就越接近圆的面积,这个圆的面积,可以看成这些n个近似的等腰三角形面积的和.

3.拼一拼,算一算.
把一个半径为r,周长为C的圆平均分成16份,得到16个像扇形一样的图形.

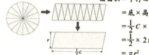

把16个小图形剪开,拼成已经会求面积的图形,如果把每个小图形都看成小的等腰三角形,算一算圆的面积是多少.

圆面积=平行四边形面积

$= 底 \times 高$
$= \frac{1}{2} C \times r$
$= \frac{1}{2} \times 2\pi r \times r$
$= \pi r^2$

61

62

长方形: $S = \frac{1}{2}Cr = \frac{1}{2}(2\pi r)r = \pi r^2$

梯形: $S = (\frac{1}{16}C \times 3 + \frac{1}{16}C \times 5) \times 2r \div 2$
$= Cr \div 2$
$= \pi r^2$

三角形: $S = \frac{1}{2} \times (\frac{1}{16}C \times 4) \times 4r$
$= \frac{1}{2}Cr$
$= \pi r^2$

我们也可以把圆等分成16份后，不剪开，先求1份的大小，再来16，求出圆面积。

$S = \frac{1}{2} \times (\frac{1}{16}C) \times r \times 16$
$= \frac{1}{2}Cr$
$= \pi r^2$

圆面积计算公式: $S = \pi r^2$

 练习与应用

求下图中两个圆的面积。

 r=6cm　　 d=12cm

 练一练 [8]

1. 分别根据下面的条件求圆面积。
　(1) $r = 2cm$　　(2) $r = 4dm$
　(3) $d = 4cm$　　(4) $d = 8cm$

2. 一个圆形鱼池，周长47.1米，池面的面积是多少？(得数保留整数)

$C = 2\pi r$
$d = \dfrac{C}{2\pi r}$

3. 分别根据下面各圆的周长求面积。
　(1) $C=18.84cm$　(2) $C=12.56cm$　(3) $C=314dm$

4. 公园草地上有一个自动旋转洒水器的射程是12米，它能洒到的草地面积是多少？

5. 填表。

半径 r	1dm			
直径 d		4dm		
圆周长 C			25.12dm	
圆面积 S				200.96dm²

2 "圆的面积"知识技能教学前测试卷

亲爱的同学，你已经学过很多图形的面积计算，但还没有在数学课上学习圆的面积。因此，你可能知道一些关于圆的知识，或者什么都不知道，这都没有关系。请你回答下面的问题。（请不要用铅笔书写。）

性别：男（　　　）女（　　　）

姓名：　　　　　　年龄：

上学期期末考试成绩：

语文优（　　　）良（　　　）合格（　　　）

数学优（　　　）良（　　　）合格（　　　）

1. 请选择：（在合适的题号前打钩）

你以前画过圆吗？（1）画过；（2）没有画过。

如果你画过圆，你是用什么工具画圆的？

（1）用圆规画；（2）用圆形的物体画；（3）用其他东西画。

2. 请你用圆规在下边的空白处画出一个圆，并标上圆各部分的名称。

3. 你认为什么是圆？

答：_____。

4. 你认为什么叫圆的面积？

答：_____。

5. 你认为圆的面积与什么有关？

答：_____。

6. 想一想以前我们研究图形面积的方法，你估计圆的面积公式是怎样研究的？

答：_____。

7. 关于圆的面积你还知道些什么？

答：_____。

后　记

　　自 2009 年 2 月起，我有幸参加了浙江省"朱乐平小学数学名师工作室"的培训学习，开始在特级教师朱乐平的指导下研究小学数学典型课例。其间，朱乐平老师率先开展了"一节课"研究，创造性地提出了课例研究的十五个维度，并毫无保留地指导培训学员。在朱老师的指引下，我们以"图形与几何"教学为切入口，不断细化研究内容。为了保证能顺利开展研究，朱老师为每个学员收集国内 1970—2000 年各版本教材 15 套，实验稿课标下的国内外教材 10 套，专业图书 68 本，国家级核心数学教学期刊年合订本 73 本，组织参观宁波数学博物馆并拍摄资料 8.4G，中国知网、中国期刊网、维基百科等网站下载相关教学资料 13.8G……终于，在他的精心指导和热情鼓励下，我不揣菲薄，撰写了这本小册子，作为"一课研究丛书·图形与几何系列"的一分子奉献给你。

　　《圆的面积教学研究》一书，是根据教师自身数学素养提高的需求以及平时教学实践的需要编写。"圆的面积"教学自 1923 年起，一直是我国小学数学"图形与几何"教学的重要内容。尽管这一教学内容已经有 90 多年的历史，但它至今仍是困扰教师和学生的几何教学难点。因此，无论是数学教学的理论工作者，还是一线的小学数学教师，都十分需要关于圆面积教学的系统参考资料。本书从上位数学知识、课程标准（教学大纲）比较、学情分析、教材比较、教学设计、课堂观察与评价等多个角度展开研究，突破了以往只从一个角度研究"圆的面积"教学的固有模式，研究视角新颖，研究体系完整。为了加强可读性、工具性、实用性和操作性，本书

235

在撰写的过程中特别注意图文并茂，收集了大量教材图片、优秀教学案例和课堂观察量表，意在让更多的一线教师参与到课堂研究中来。希望本书对大家开展课例研究有所裨益。

最后，我还要郑重感谢朱乐平老师。在整个撰写过程中，朱老师自始至终陪伴着我们，其间还经常询问撰写进度，面对面交流答疑，指点迷津，开拓研究思路。可以说，没有朱老师的敦促和指引，也就没有这本书的出版。朱老师渊博的专业知识，严谨的治学态度，亲和的为人风格，勤奋刻苦的精神，不仅授我以文，而且教我做人，虽仅历时五载，却让我终身受益。在此，向我的恩师致以深深的敬意！谢谢！

邵　虹
2013 年 8 月于杭州